目標をもつ勇気は、
進化する力となる

あしたの履歴書

株式会社あしたのチーム代表取締役社長
高橋恭介

立教大学ビジネススクール教授
田中道昭

ダイヤモンド社

はじめに――「あしたの履歴書」がディープチェンジを起こす

いま、あなたはビジネスのキャリアにおいて川下りの最中ですか。それとも、山登りの途中ですか。

「いまの仕事には一生懸命取り組んでいる。でも、日々の仕事に追われて、なかなか本当の目標を見出せずにいるので川を下っているような気持ち」と感じている人も少なくないかもしれません。

自分のキャリアを自律的に描いていく「キャリア・デザイン論」においては、「川下り」を「ドリフト」、「山登り」を「キャリア・デザイン」と言います。

キャリアの最初では、誰しも川下りのイメージが強いものです。なぜなら、必ずしも自分が本当にやりたかったことを自分の深い意思決定に基づいてやっているわけではないからです。まわりから言われ、まわりもみんなそうだったから決めたということが多いのです。

図1

川下りの段階では、本当は何のために何を目指しているのかはよくわからないけれど、とにかく目の前の流れに身を任せて必死にやっているイメージです。その一方で、時に人は、川下りの途中でさまざまな人たちや出来事に出会い、大きな影響を受けていきます。

その中で、自分が本当にやりたかったこと、自分の本当の目標、自分のビジョン（将来の夢）、そして時には自分のミッション（存在意義や使命）を見出すこともあるのです。自分の目標が明確になると、それ以降はゴールを目指して計画的・戦略的に物事に取り組むことができるようになります。

つまり、山登りが始まるのです。目標があるからこそ、「いま、ここ」を一生懸命に生き、楽しめるようになる。そのために必要なのが、ディープチェンジ、すなわち深い自己変容なのです。

ディープチェンジとは、「他人が決めた進路」に乗って流れに身を任せている「川下り」から、「自分で決めた進路」で「山登り」へ転換することに他なりません。とは言え、「山登り」とは必ずしも転職を指しているわけではありません。現在の仕事の中で、それを見出すことも多いのです。むしろ強調させていただきたいのは、転職が必ずしも「山登り」を意味していないということです。ディープチェンジの伴わない転職は、転職先でも同じような問題を繰り返すことが多いとされています。

だからこそ本書では、まさに現在の仕事の中でディープチェンジを実現していくことを目標としているのです。

ディープチェンジして、自分が定めた山の頂上に向かって登り始めると、より計画的・戦略的に物事に取り組むようになり、よりたくさんの異分野の人々と出会い、より広い知識が身につくようになります。その結果、いまの仕事もより楽しめるようになります。

「あしたの履歴書」は、そのお手伝いをするためのツールです。本書に書いてあるメソッドに従って、あなたの将来の「あしたの履歴書」を作成し、ディープチェンジを起こしてください。そしてミッションや目標をより明確にすることで、あなたの市場価値を高めていってください。

共著者のひとり高橋恭介は、株式会社あしたのチームを２００８年に設立、中小企業やベンチャー企業に人事評価制度の構築を支援する事業を展開してきました。この人事評価制度は、社員の行動や実績を正当に評価することで、社員のパフォーマンスと企業の業績を向上させています。

これまで１０００社・10万人以上の１０００万項目に及ぶ目標の設定支援を行ない、目標の立て方から行動計画、そして達成に導くまでのノウハウを積み重ねてきました。そのノウハウや人事ビッグデータからの知見を「あしたの履歴書」に投入し、「ＭＶＰ倶楽部」という教育事業部門において、法人および個人の顧客を対象に「あしたの履歴書」プログラムを提供しています。

もうひとりの共著者・田中道昭は、ＭＶＰ倶楽部の事業パートナー兼講師を務め、「あしたの履歴書」を企業研修プログラムおよび個人向けプログラムとして、多くの人々に実際に提供してきました。

田中道昭は、日本のメガバンクでプロジェクトファイナンスの仕事をしたのち、シカゴ大学でＭＢＡを取得、外資系金融機関の経営幹部を経て、大学教授×上場企業取締役×経営コンサルタントとして、リーダーシップやマネジメントを多くの人たちに教えてきました。現在は、立教大学ビジネススクール教授として教鞭も執っており、インプットにも貪欲かつ愚直に取り組み、米国などでの最先端手法を継続的に学んでいます。

本書には、人事ビッグデータからの豊富な知見やアクティブ・ラーニングの最先端手法などのノウハウとエッセンスが注ぎ込まれています。本書の内容を実践していただければ、あなたのビジネスパーソンとしての市場価値が確実に向上するでしょう。それは、「市場価値を上げている人」の人事ビッグデータ分析から策定された「あしたの履歴書」の目標管理メソッドにはさまざまな秘訣があるからです。例えば、プログラム内での目標設定においては、具体的に何をしたらよいかわからない表現は「一般的表現」（「ＮＧワード」）、具体的に何をしたらよいか明確になっている表現は「具体的行動表現」として峻別しています。具体的な行動や働きぶりまでを明快にイメージして目標設定することが、実際の自律的な行動を促すからです。

いまほど、ビジネスパーソンにとって絶好の機会はありません。それは、超売り手市場であるからということだけではなく、ＩｏＴ（Internet of Things＝モノのインターネット）やＡＩ（人工知能）など第四次産業革命によって、世界が大きく変わろうとしているからです。

ビジネスのスピードが上がり、小が大を飲むパラダイムシフトが起きようとしています。そんな時代だからこそ、革命的な発想が通用し、小さなベンチャーも、中小企業も発想と実行力次第で、１００倍、１０００倍の売上げを達成することが可能になっているのです。

自分で自分の可能性を閉じることなく、目標をもって一歩一歩登る努力を積み重ねていけば、誰もが目標に到達できるチャンスがあります。そのために、ディープチェンジが必要です。

まずは「あしたの履歴書」で、自分の過去を肯定し、現在を見つめ直し、大きな目標を掲げて、ワクワクしながら仕事を楽しみ、未来に向かって進んでいきましょう。

本書の最大の狙いは、あなたの市場価値を上げることであり、その市場価値を端的に表わしている「職務経歴書」をベースとしてキャリア・パスを描いていきます。「履歴書」と「職務経歴書」がキャリアの2大書類と言われていますが、これらは転職のためだけのものではありません。むしろ、キャリア・デザインやキャリア・プランの2大書類なのです。

「あしたの履歴書」では、実務ベースの能力開発を重視し、この職務経歴書をベースとして、さまざまな手法やシート（ツール）を使いながら、3年後の目標を設定していきます。そして、さらにその先の10年、20年、30年と10年単位での目標設定にも取り組んでいってほしいと考えています。

なぜなら、より長期の目標を考えることで、自分の常識やリミッターを取っ払って、本当にあなたの心の底から湧き上がるような生きる目的が現われてくるからです。これがミッションです。ミッションは3年後の目標と比較すると、より広く社会や世の中に何かを残していきたいという強い思いとなり、さらに深いディープチェンジにつながるのです。

人は目先のことでは目標を立てやすいけれど、10年後、ましてや30年後となると、戸惑い、思考が停止してしまいがちです。「あしたの履歴書」は、こうした長期の目標やミッションを潜在意識下から引き出す行動科学の手法でもあるのです。

多くの成功したビジネスパーソンや経営者に共通しているのは、足元の仕事（ルーティーン）を大切にしながら、ミッションやビジョンをしっかりもっていることです。大きな実績を上げている優れた経営者ほど、１００年など超長期のスパンで自分のミッションを考えています。

自分ひとりでは描ききれないような大きな円を考え、自分はその一部の弧しか担えなくても、あとに続く人に残りを託してみんなで円を完成させていく。そうした発想やミッションをもてるからこそ、大きな事業を成功させてきているのです。人生１００年時代と言われているいまこそ、より重要な視点となるでしょう。

答えは、常に自分の中に必ずあります。川下りから、山登りに転じるのは外部の力ではなく、あなた自身の中にある力です。ミッションやビジョンを描きながら、できることを計画的に少しずつ増やしていけば、必ずや目標に到達できるのです。

前述したように本書は決して転職や起業を促すものではありません。あなた自身のミッションに従って、現在の会社でのキャリア・デザインを描いていくこともいいでしょう。経済的な成功だけではなく、社会貢献活動に身を投ずることもいいでしょう。あるいは将来的には政治家や国際的な活動家になりたいという人も出てくるかもしれません。答えは、あなたの中に必ずあります。その答えを引き出す一助として本書をお読みいただければ幸いです。

高橋恭介
田中道昭

contents

第1章 「あしたの履歴書」が求められる時代がやって来た

第2章

「あしたの履歴書」が未来を創る力になる

第3章 自ら人生の脚本家となり、主人公となる

第4章 「きのうの履歴書」

第5章 「きょうの履歴書」

第6章 3年後の「あしたの履歴書」

第7章 目標も進化する「あしたのPDCA」

第8章 「あしたの履歴書」30年計画編

第1章

「あしたの履歴書」が求められる時代がやって来た

多重的なパラダイムシフトを前提にキャリアを考える

いま、なぜ「あしたの履歴書」が求められているのでしょうか。その背景から考えてみましょう。

まず言えることは、かつてないパラダイムシフト（次元が変化するような革命的変化）が起きつつあり、過去の延長線上にない未来が到来すると考えられるからです。現在進行形でこの時代を生きていると、それほど大きな変化に感じられないかもしれませんが、将来、人類が歴史を振り返った時、21世紀は大きな転換点になっているはずです。特に「あしたの履歴書」プログラムを提供している私たちが感じているのは、世界観・人間観・歴史観・人生観にも及ぶ多重的なパラダイムシフトであり、それがこのプログラムを提供している大きな使命感にもなっています。

第1に健康寿命が延び、人生１００年時代がやって来ることです。リンダ・グラットン氏とアンドリュー・スコット氏による『LIFE SHIFT（ライフ・シフト）』（東洋経済新報社）という本がベストセラーになっていますが、その「日本語版への序文」でこう述べています。

「2050年までに、日本の100歳以上人口は100万人を突破する見込みだ。（中略）2007年に日本で生まれた子どもの半分は、107年以上生きることが予想される。いまこの文章を読んでいる50歳未満の日本人は、100年以上生きる時代、すなわち100年ライフを過ごすつもりでいたほうがいい」

人生100年となると、さまざまな前提が変わってきます。同書でも指摘していますが、働き方、生き方、教育のあり方、結婚、出産、高齢の定義などが大きく変化します。健康寿命が延びれば、年金など社会保障も先送りされ、短期化しますので、現役年齢も上がることになります。

日本では高齢化が社会問題扱いされていますが、見方を変えれば、80～90歳まで働くことを前提に、自分のビジネスキャリアを描くことができるのです。仮に60歳で定年を迎えても、その後の30年で会社を興したり、何かの専門家になることも可能です。

ましてや、20～40代なら「あしたの履歴書」で30年後の目標を設定することは不思議でないどころか、必要性を感じられるのではないでしょうか。

長期の目標設定であれば、いまは非現実的と思っても、地道に努力を積み重ねていくことでたどり着ける可能性があります。周囲に「おかしい」とか「荒唐無稽だ」とか言われても、実現できる可能性があります。実際、大事業を成し遂げた人の多くは当初、「バカ」呼ばわりされています。あなたも堂々とバラ色の未来を描けばいいのです。

30年という時間軸で考えると、発想が青天井になり、広がりが出てきます。自分の心のリミッターを外して想像を広げることができたら、夢は大きく膨らんでいきます。現実の延長線上の発想では、何年経ってもたいしたイノベーションは起きません。周囲に「バカだ」と言われるぐらいの発想の中で、日々ワクワクとした気持ちで仕事ができるのは考えただけでも楽しいことではないでしょうか。そもそも、どんなに大きな目標を実現した経営者でも、その大きな目標を掲げてゼロから始めた時点では、まわりの人たちからは「バカだ」と言われたはずなのです。筆者である私たちも、本書の中でそれぞれの「あしたの履歴書」を筆者の責務として披露していますが、「バカだ」と嘲笑されるのは覚悟のうえなのです。人生の最期において、やらないで後悔するよりは、いま「バカだ」と言われることを選びたいと思いませんか。人生においては、「恐れ」や「不安」と「後悔」を天秤にかけたら「後悔」のほうが重いはずなのです。

ただし、目標が自分のためや利益のためだけだと、最終的には長続きしないので、より社会的で大きなミッションとなることが必要です。ちなみに、本書では以降たびたび、こうした言葉が出てくるので整理しておきましょう。企業戦略論では、ピラミッドの頂点に「ミッション」があります。それは使命や目的、存在意義という最も本質的なものです。その下に「ビジョン」は目標、夢、方向性などより具体的なものです。その下に「バリュー」があり、価値観や行動指針となります。

個人に対しても同じで、最もコアな部分にミッションという目的があり、それに従った目標がビジョンであり、そのビジョンを支えるのがその人の価値観であるバリューです。この3つが一気通貫していることが何より重要で「あしたの履歴書」作成でも、その点を強く意識しています。

大企業にいることは、もはやリスクでしかない

パラダイムシフトの第2は、日本の社会構造の変化です。

戦後から高度成長期まで、日本型経営には「三種の神器」がありました。終身雇用制度、年功序列型賃金、労働組合です。終身雇用と年功序列の原型がつくられたのは、大正末期から昭和初期にかけてです。当時、熟練工の転職率は極めて高く、5年以上の勤続者はたった1割程度で、日本は転職社会だったのです。そのため、企業は足止め策として定期昇給や退職金、年功序列型賃金で定年まで社員を囲い込んだのです。

この習慣が、第二次世界大戦後、労働力不足に悩む高度経済成長時代に一般的な制度として定着しました。

資本主義や個人主義が根づいた欧米からすると、考えられない仕組みで、「ジャパン・アズ・ナンバーワン」などと世界に評されました。

しかしバブル崩壊以降、日本経済は長い停滞期に入り、三種の神器を維持することはできなくなり、日本企業は一転して非正規雇用を採用するようになりました。

もともと日本固有の制度ではなく、時代が求めたことによって定着した終身雇用・年功制は崩壊しつつあります。一流大学に入って、大企業に入社さえすれば、生涯にわたり安定を得られるという時代は過ぎ去ったのです。

実際、有名な大企業もリストラを行なっており、大企業の社員ほど、一生安泰が幻想だと感じているでしょう。それどころか、大企業にいることはリスクでしかありません。

特殊な雇用システム下で働いてきた人々は、スキルやパフォーマンスとは関係なく、ただ勤続年数を増やしていけば、自動的に給料も増え、ポストも上がっていきました。その結果、日本企業の労働生産性は非常に低くなり、2014年のデータではOECD加盟34か国中、第21位。主要先進7か国では、1994年から21年連続で最下位という不名誉な記録が続いています。

大企業の新卒大量一括採用という、これまた特殊な仕組みが、入社時は優秀だった人たちを生産性の低いビジネスパーソンにつくりかえていきました。個人個人の市場価値が高まるような仕事をさせず、社内だけの処世術に長けた人々を量産しました。

次章で述べますが、高橋恭介は大企業のグループ会社で社会人としてスタートし、ベンチャー企業に転じました。その経験から言って、ビジネスの実力は大企業より中小企業やベンチャー企業のほうが早めに培うことができます。

規模が小さいだけに、社長の決裁さえ取れれば、商品を納入し、請求書を出し、売掛金の管理をするという営業プロセスのすべてに責任をもって関わることができます。一方、大企業ではいくら数千万、数億円単位の取引でも、上司の指示で動き、請求業務以降、すべて担当部署任せで、ビジネスの全体感を捉えられるようになるまでには相当の時間がかかるでしょう。

欧米など、先進国のホワイトカラーのパフォーマンスが高いのは、目標に対する合意形成があって、それを達成すれば自分の報酬に跳ね返ってくるという人事評価制度があるからです。彼らはいつレイオフされても大丈夫なように、資格を取ったり、大学院で専門知識をさらに高めたり、どこの会社でもプロフェッショナルとして通用するように努力します。ｅラーニングでも、米国では個人が自らの負担で受けるのが当たり前ですが、日本では企業が負担しています。

日本のビジネスパーソンに足りないのは、彼らのような気概です。目的意識もなく、ただeラーニングを受講しても何の役にも立たないでしょう。

ぬるま湯につかってぬくぬくと給料以下の仕事をしていると、大企業でなくても市場価値の低い人材となり、万が一、会社の倒産やリストラによって転職を強いられた時に、「自分は外では通用しない」ということに初めて気づくのです。

年功序列を残し、パフォーマンスによる正当な人事評価ができない大企業にいることが、いかにリスクであるかわかるはずです。

AIとは、もはや「異星人的知性」を獲得すること

第3のパラダイムシフトは、AIやIoT、ビッグデータなどによる第四次産業革命です。

現在は超売り手市場と言われていますが、10年単位の中長期で考えると、ＡＩなどの普及によって人手不足が解消し、買い手市場になると考えられます。

スイスの経済学者であり、世界経済フォーラム（ダボス会議）の創始者でもあるクラウス・シュワブ博士は、２０１６年1月に開催されたダボス会議で、『The Future of Jobs Report（仕事の未来レポート）』を発表しました。その内容は、「ＡＩ、ロボット技術、バイオテクノロジーの発展で5年以内に約５００万人の雇用が失われる」というショッキングなものでした。

同様な研究報告はいくつもあり、日本でも大きな話題になっていますが、まだまだ先の話という反応です。しかし、米国ではすでに現実のものとなりつつあり、米国人は強い危機感をもっています。

例えば、ＩＢＭの「ワトソン」というＡＩコンピュータは医療機関に導入され、診断や治療計画に活用されていますし、法律分野でも裁判前の準備にコンピュータが使われ、弁護士アシスタントの職が代替されています。

実は、知的な仕事ほどＡＩに奪われやすく、中途半端な専門性では通用しなくなる恐れがあります。確たるミッションとビジョンをもたずに川下りを続けていると、仕事を失うことになりかねません。

一方、第四次産業革命のポジティブな面は、ワクワク感を高め、一人ひとりにチャンスをもたらしていることです。かつて、ベンチャー企業がロケットを打ち上げることなど想像できたでしょうか。たったひとりで、世界１００か国に物を売ることなどできたでしょうか。テクノロジーやネットの発達がそれを可能にしたのです。

実は、日本こそＩｏＴが効果的な国はないと思っています。匠の技にテクノロジーが入れば、付加価値がさらに高まり、日本の技術・サービスを拡張することができる。これまでチャンスをつかむことのできなかった中小企業が世界相手のビジネスを展開できるかもしれません。

さらに私たちがＡＩという文脈で言いたいのは、ＡＩとは人工知能のことではなく、もはや異星人的知性（Alien Intelligence）を意味しているということなのです。ワイアード誌創刊編集長であり、米国のテクノロジー業界に大きな影響力をもつケヴィン・ケリー氏は、著作である『これからインターネットに起こる「不可避な12の出来事」』（インプレスR&D）の中で、**「AIという言葉は、人工知能（Artificial Intelligence）という言葉ではなく、人間とはまったく違う発想をする知能として、異星人的知能（Alien Intelligence）の略と考えるべきだろう」**と述べています。

また同氏は、『〈インターネット〉の次に来るもの』（NHK出版）の中で、AIが人間の仕事を奪うか否かという議論に時間を費やすのではなく、**「われわれの仕事は違った考え方をするマシンを作り、異質な知性を創造することなのだ」**と述べているのです。第2章では、「AI時代には『論点を立てる力』が最も重要」ということを述べてこのことを詳しく説明していきますが、AIを異質な知性を創造することとまで定義すると、「あしたの履歴書」で養われる能力が必要な時代が到来したということがさらに鮮明になるのです。AI時代における人の仕事とは、異質な知性を創造することなのです。

誰もがチャンスをつかみ、勝負できる必然性が出てきたことは明確です。そのためにも、「あしたの履歴書」で3年後、そして10年単位での長期の目標設定をしていきましょう。

従業員満足から従業員エンゲージメントへ

こうしたパラダイムシフトの時代に必要なことは、社員個人の市場価値あるいは生産性の向上と組織活性化です。

これまで、日本企業では顧客満足（ＣＳ）ばかりが注目されてきました。どの企業も顧客目線や顧客第一主義を掲げましたが、それだけでは業績向上につながりません。

そこで、ＣＳに加えて従業員満足（ＥＳ）が注目されるようになり、最近ではＣＳとＥＳの両立を目指す日本企業も増えてきました。もちろん、ＥＳは重要ですが、ただＥＳだけを目標にすると、社員の成長や大幅な業績向上は見込めないかもしれません。なぜなら、「給料に満足」「居心地のよさに満足」「人間関係に満足」といった目標だけになると、とりあえず現状維持の状態に陥って発展性がないからです。

そもそもＥＳと企業経営は、利益相反する可能性のある考え方です。というのも、従業員のベネフィットを上げれば、会社側の収益が減るからです。ESは利益の仕切りを動かすだけのことになりかねないのです。もちろん、ES向上で会社全体の利益が上がればいいのですが、そうでないと、待遇をよくしたり、給料を上げたり、休みを増やす分、会社から従業員に所得移転しただけで、付加価値を生み出しません。

それでは、企業の発展や働く人の価値向上には「満足」以上に何が必要なのでしょうか。それは、会社のビジョンやミッションへの共感、愛着心、貢献したいと願う強い気持ちです。これは「従業員満足度」ではなく、さらに一歩踏み込んだ「従業員エンゲージメント」という考え方です。

エンゲージメントとは婚約や約束の意味ですが、従業員エンゲージメントは、従業員の企業に対する信頼関係や愛着心を指します。日本語で「熱中度」などと訳されることもありますが、そうした狭い概念ではなく、仕事や会社に対するワクワク感や幸福感とも言える概念です。

エンゲージメントは満足度と違って付加価値を創造するものであり、エンゲージメントが高い組織は、高次元の目標に対して会社と社員が向き合い、目標を積極的に達成しようとする状態を指します。

働く人の幸福度を診断するたった12の質問

組織のエンゲージメントを測るツールとして、米国のギャラップ社が実施している「エンゲージメント・サーベイ」があります。ギャラップ社は米国最大の調査会社ですが、その膨大な調査データの集計・分析をもとに組織開発のコンサルティングも行なっています。

そのギャラップ社が全世界1300万人のビジネスパーソンを調査し、導き出したエンゲージメントを測定するたった12の質問が「Q12（キュー・トゥエルブ）」です。

この調査によると、日本企業はエンゲージメントの高い「熱意あふれる社員」の割合が6％で、米国の32％と比べて大幅に低く、調査した139か国中132位と最下位レベルでした。さらに言うと、「周囲に不満をまき散らしている無気力な社員」の割合は24％、「やる気のない社員」はなんと70％に達しています。

「そんなはずはない。たかが12の質問でそんなことまでわかるのか」と思う読者も多いでしょうが、まずはその12の質問に目を通してみてください。なるほど、日本企業は低いはずだと納得するはずです。

Q1：職場で自分が何を期待されているのかを知っている
Q2：仕事をうまく行なうために必要な材料や道具を与えられている
Q3：職場で最も得意なことをする機会を毎日与えられている
Q4：この7日間のうちに、よい仕事をしたと認められたり、褒められたりした
Q5：上司または職場の誰かが、自分をひとりの人間として気にかけてくれているようだ
Q6：職場の誰かが自分の成長を促してくれる
Q7：職場で自分の意見が尊重されているようだ
Q8：会社の使命や目的が、自分の仕事は重要だと感じさせてくれる
Q9：職場の同僚が真剣に質の高い仕事をしようとしている
Q10：職場に親友がいる

Q11：この6か月のうちに、職場の誰かが自分の進歩について話してくれた

Q12：この1年のうちに、仕事について学び、成長する機会があった

いかがでしょうか。もちろん、日本人特有のものの考え方や人間関係のあり方、文化などがあり、欧米企業の尺度で測ってほしくないという意見もあるでしょう。しかし自分が、もしこの12の質問すべてに5点満点で最高点をつけたらと想像してください。職場が楽しくて、ワクワクしながら自発的に仕事するイメージが湧いてきませんか。

欧米企業を真似ようというのではなく、これからの時代に必要なのは、会社から与えられるESではなく、自律的・自発的なエンゲージメントなのです。

エンゲージメントを左右する大きな原因はマネジャー、すなわち上司にあります。もし、あなたが管理職ならば、この「Q12」を意識してマネジメントすれば、部下のやる気は大きく変わるはずです。

ギャラップ社によると、特に業績に直結する、マネジャーが注力するべき6つのポイントはQ1〜6です。この6つの質問に部下がすべて5点をつけるのはとても困難とされています。部下一人ひとりに深くコミットし、仕事を褒め、成長の機会を与え、一方で指導するべきは指導しなければなりません。マネジャーとしての能力を鍛える絶好の機会だと言えるでしょう。

また、社員の退職にもマネジャーが関わっており、定着率を左右するポイントはQ1、Q2、Q3、Q5、Q7の5つです。もし、離職率の高い現場なら、そのマネジャーは自らの責任を感じ、部下がこれらの質問に高い点をつけるように改善しなければなりません。

あなたが経営者であるなら、「Q12」をひとつの山と見立てて、エンゲージメントの頂上にいたるロードマップをつくってください。

まず、山登りの「ベースキャンプ」となるのが、Q1とQ2です。仕事を始める時に必要な基本的事項です。この仕事をすることで「何が手に入るのか」を明確にしましょう。

次の「キャンプ1」がQ3～6で、仕事を通じて「自分はどんな貢献をしているのか」、そして周囲の人たちは自分をどのように評価しているのか。これらの質問に高い点がつけば、上司やチームとの一体感が生まれているのです。

「キャンプ2」がQ7〜10です。これらの質問は「自分がここの人間なのだろうか」を問うもので、会社と仕事仲間のミッションが一致しているかわかります。

そして頂上を目指す最後の「キャンプ3」が、Q11とQ12です。この段階では「全員が成長するにはどうすればいいか」を問い、仕事に関わるすべての人に能力を向上させてほしいと願う気持ちを測ります。

こうした山登りのロードマップに従って、社員が質問に対して高い点をつけるように風土を改善していけば、業績も上向き、社員の離職率も低くなります。しかも、有能な社員ほど辞めないという状態になるでしょう。気をつけなければいけないのは、「キャンプ2」や「キャンプ3」といった高地での質問には肯定的でも「ベースキャンプ」や「キャンプ1」など低地での質問に否定的な場合です。ベース項目がきちんと整備されていなければ、一見うまくいっていても、もっといい条件があれば、転職する可能性が高いでしょう。

筆者は、2017年2月に米国のギャラップ社で開かれた5日間の上級ストレングスコーチ講座に参加しました。この講座はエンゲージメントとも密接な関連のある内容になっています。受講者は全部で14名。私以外は、すべて米国人で、大手企業の人事管理職、大学教員、非営利団体の幹部などが参加していました。

参加者13名が属する組織すべてで、「Q12」が導入されているのには驚きました。米国では、「Q12」がいま最も注目度の高い組織活性化対策となっているのです。

先に日本企業のエンゲージメントの低さを指摘しましたが、ギャラップ社によればグローバルでエンゲージメントの高い企業は13％しかありません。また、「自分の強みにフォーカスして仕事をしている人は、そうでない人より6倍高い確率で仕事に満足」し、「自分たちの強みにフォーカスして仕事をしているチームは、そうでないチームより12・5％高い生産性を上げている」という結果も出ています。

参加者たちは今後、「Q12」によって組織のメンバーの強みを促進する環境を整えていきたいと語っていました。

トランプ政権の登場で米国は分断され、混乱を深めているように見えましたが、「Q12」を活用し、多様性や一人ひとりの個性を重視し、強みを活かしていこうとする企業が多いことに心を強くしました。

日本企業はかつてチーム力が優れていると言われましたが、終身雇用が崩壊した現在、結束力が弱まっています。「Q12」のようなツールを使い、個人のエンゲージメントを大切にしてこそ、またチーム力が復活することでしょう。

「変えられるもの」と「変えられないもの」を区別する

ギャラップ社のエンゲージメントのプログラムにおいては、人の強みについて、「変えられるもの」と「変えられないもの」を明確に区別しています。「変えられるもの」とは、学習・経験・仕事などで身につけることが可能なものであり、「技術」と「知識」と表現されています。「変えられないもの」とは、自分の潜在能力・資質・行動パターンであり、「才能」（もしくは「資質」）と表現されています。すなわち、人の強みは、先天的な「才能」と後天的な「技術」と「知識」の3つから構成されているのです。

ギャラップ社が優れたマネジャー（管理職や上司）が養うべき能力として指摘している

ものの中に、「人を見る目」というものがあります。同社では、「人を見る目を養う」ということを「人はどこまで変えられるのかを正確に認識する」と言い換えています。つまりは、ギャラップ社では、人の強みを構成する「才能」と「技術」や「知識」とを明確に区別できる能力がマネジャーには不可欠であると述べているのです。「あしたの履歴書」でも、スキル、技術、知識などは「変えられるもの」、そして「コンピテンシー」と定義しています。「あしたの履歴書」においては、「才能」は強みとしてさらに伸ばし、コンピテンシーは強化していくということに専念し、「あしたのＰＤＣＡ」では才能とコンピテンシーを対象として向上の支援をしているのです。

なお、実際の「あしたの履歴書」のプログラムにおいては、「変えられるもの」と「変えられないもの」を区別するというプロセスを重要視していますが、受講生の中でも、「このプロセスによって大きな自己重要感をもつことができた」という感想を述べる人が多い部分になっているのです。

強みとは、「才能」と「技術」と「知識」との掛け算です。「あしたの履歴書」であなたの「才能」を伸ばし、「あしたのＰＤＣＡ」であなたの「才能」×「技術」×「知識」をさらに伸ばしていきましょう。

「自分を変えるスイッチ」はどこにあるか？

「自分を変えたい」と思っている人は少なくありません。それでは、「自分を変えるスイッチ」とはどこにあるのでしょうか。自己成長を促し、市場価値を向上させていく「あしたの履歴書」においても重要な問題意識なので、ここでしっかりと考えておきましょう。

一般的に、人が変化する時には「このままではいけない」「いまの自分ではダメだ」という自己認識が不可欠だと考えます。しかし心理学的な視点で言うと、むしろこのような自己認識は自己否定となり、本当の意味での変化をもたらしません。

現状認識において客観的にこのままではよくないと分析することで、自己変革を遂げることもあるでしょう。ただし、これができる人は、根本的に自己否定ではなく、自己肯定があるのです。

自己否定的な思考の持ち主は、基本的に自分に自信がもてません。自分の存在という根源的な部分で自信がないので、自分を保つためにあえて「自己正当化」をします。

ちなみに、自己肯定と自己正当化というのは似ているようでまったくの別物です。自己肯定はありのままの自分、いまの自分の存在をそのまま受け入れることができる状態です。自己正当化というのは、ありのままの自分に対して自信がないため、自分を正当化して武装することで、本来の自分を見ようとしない行為です。その根本には表面的な態度と裏腹に自己否定が潜んでいます。

根本に自己否定が強い場合は、自己正当化で武装していることが多いため、変化をしようとしない、あるいはしようとしてもできないことが多い。逆に自己変革を遂げ、いい意味で変化する人は、表面的には自分を変化させているので、自分を否定しているように見えますが、心の根源的な部分は自己肯定が強い人が多いのです。

カウンセリングの現場では、患者が話をする時、相手の言動に対して否定的なことは一切言わないのがセオリーです。相手を否定しないでひたすら聞く。「受容」「共感」「傾聴」で相手を受け入れる。すると相談者は安心し、心が次第に変化していくのです。

これは、日常のコミュニケーションでも言えることです。人は、自分の気持ちをわかってもらえて初めて変化することができる。「十分に聞いてもらえた」「十分に自分を理解してもらえた」という気持ち、安心感があるから変化することができるのです。


職場でも同じことが言えるのではないでしょうか。上司が部下をただただ否定し、非難するだけでは、部下は本当の意味で変化はできません。根源的な部分、人間的な部分で部下を肯定すること、受け入れることによって部下は自分を肯定することができ、変化することができるのです。

これは他者とのコミュニケーションだけでなく、自分の中で自分自身との対話でも同じことが言えます。まず自分の気持ち、そのありのままを認め肯定する。その気持ちを十分に自分自身が耳を傾け、理解し肯定する。

その根源には「自分はいまのままで十分いける」「いまのままでいい」という自己肯定があるのです。そう思えた瞬間から人は変化のスイッチが入り、自然にあるべき姿に変化をしていくのです。

本当に問題なのは何も行動や変化を起こせないということではなく、「自分はダメだ」「いまのままではいけない」と思い込むこと、自己否定をしていることなのです。

業績改善・自己変革のプロセスを採用した「あしたの履歴書」

普段の日常生活の中で、誰しも悩んだり迷ったりすることがあると思います。特に何をやってもうまくいかない、成績も上がらないことがあるでしょう。それが高じて落ち込んだり、うつ状態に陥ってしまうケースも少なくありません。

カウンセリングの局面に人の心理が凝縮されていることが多いため、再びカウンセリングのシーンに置き換えて考えてみましょう。カウンセリングの世界で、うつ状態の人に最も言ってはいけない言葉は、「がんばれ」「元気を出せ」という言葉であるとされています。

声をかけているほうは「がんばれ」「元気を出せ」と励ましているつもりでも、相手は

「がんばらなければいけない」「元気を出さなければいけない」と考える。「『がんばっていない自分』『元気のない自分』はダメだ」という気持ちにつながっていきます。

つまり、否定的なメッセージになってしまうのです。うつ状態の人は基本的に自信を喪失しているからこそ次に進めないので、そこに「自己否定」につながる言葉を投げかけることは、最も避けるべきだというわけです。

では、このような相手に対する最善の対応とはどのようなものでしょうか。とにかく、相手の言葉や状況をすべて受け入れること。カウンセリングの基本は、クライアントの話を否定せずに受け入れ、認めることなのです。

「あなたの言っていることはよくわかる」「その気持ちは理解できる」という態度と言葉を示すことで、クライアントは安心し、次第に自信と明るさを取り戻していくのです。

状況が悪化している時こそ、自分の強みは何か、自分のリソースにはどんなものがあるかを再認識します。「いまあるもの」を確認し、自分のよいところをまず認識する。

自己否定からは、真の生産的な変革は生まれません。カウンセリングの理論と同じく、落ち込みから回復し再生する際に必要なのは、自己否定ではなく自己肯定なのです。「あしたの履歴書」には、こうした業績改善や自己変革のプロセスが採用されています。「あしたの履歴書」は、過去の振り返りから始まりますが、それは自己肯定を受け入れる重要なプロセスとなるからです。

日本人は一般的に自己肯定感が低いと言われ、さまざまな国際機関の調査結果でもその事実が裏づけられています。本書のサブタイトルは、「目標をもつ勇気は、進化する力となる」です。実際に自己肯定感が低い中では目標をもつことはハードルが高いことなのです。だからこそ、「あしたの履歴書」は自分の過去に自己肯定を与えるプロセスからスタートしているのです。しっかりとした自己肯定感こそが、目標をもつ勇気となるのです。

第2章

「あしたの履歴書」が未来を創る力になる

学習指導要領の大改革で「未来を創る力」を重視

あまり一般的には知られていませんが、2020年に日本の教育の大黒柱である学習指導要領が大きく改訂されます。

知識集約型だった「20世紀型」の教育から、知識活用型の「21世紀型」教育への大変革となります。このままでは日本の世界的な競争力は下がる一方で、もっと世界に通用する人材を育成しなければならないという危機意識が政府や産業界にあるのです。

新学習指導要領の狙いは「学びを人生や社会に生かそうとする学びに向かう力・人間性等」を育て、「未知の状況にも対応できる思考力・判断力・表現力等」を育成することです。

また、目指す資質・能力の3つの柱として、「どのように社会・世界と関わり、よりよい人生を送るか＝学びに向かう力・人間性等」「何を理解しているか、何ができるか＝知識・技能」「理解していること・できることをどう使うか＝思考力・判断力・表現力等」

図2 **新学習指導要領の中核**

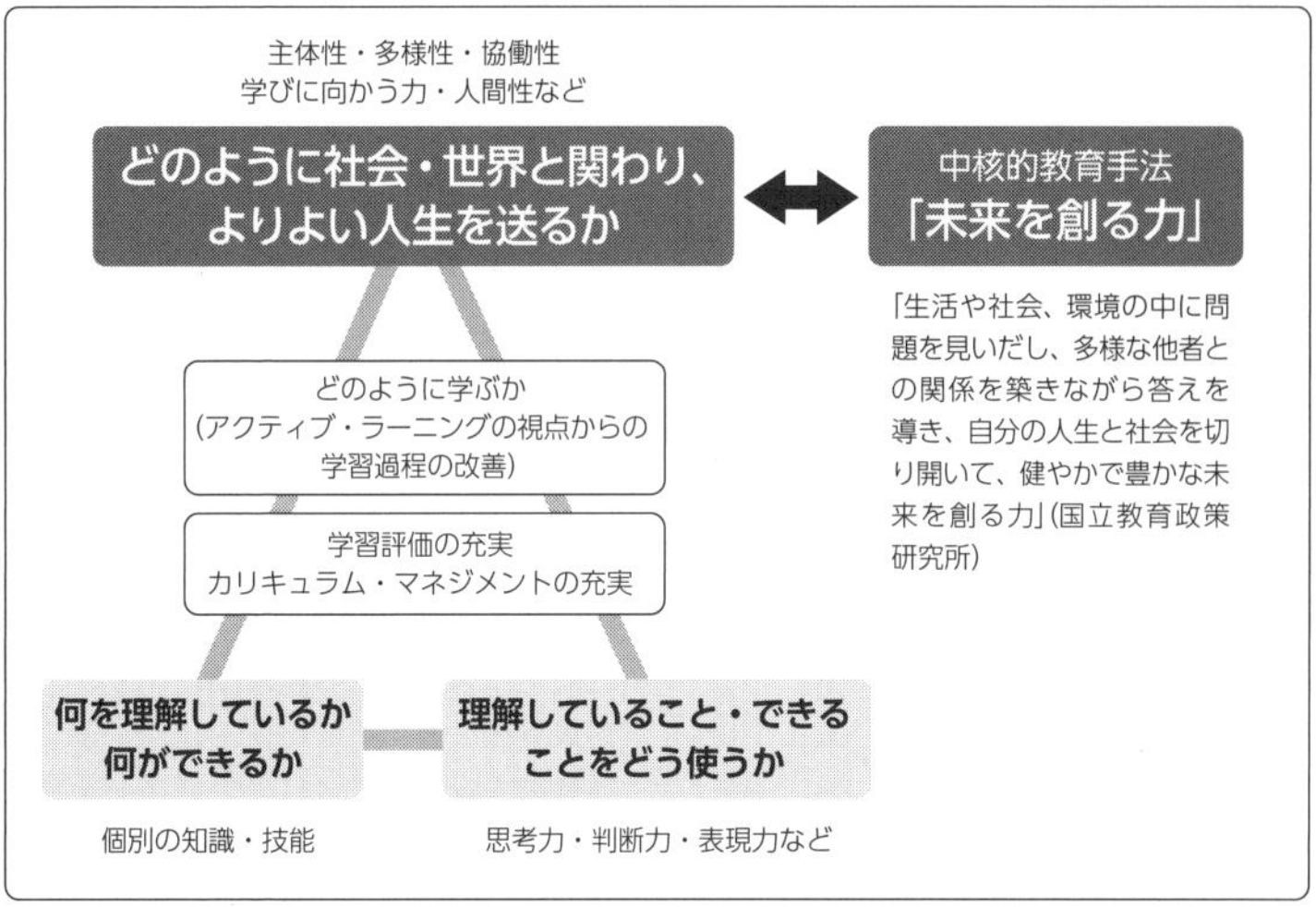
主体性・多様性・協働性
学びに向かう力・人間性など
どのように社会・世界と関わり、よりよい人生を送るか
中核的教育手法
「未来を創る力」
「生活や社会、環境の中に問題を見いだし、多様な他者との関係を築きながら答えを導き、自分の人生と社会を切り開いて、健やかで豊かな未来を創る力」(国立教育政策研究所)
どのように学ぶか
(アクティブ・ラーニングの視点からの学習過程の改善)
学習評価の充実
カリキュラム・マネジメントの充実
何を理解しているか
何ができるか
理解していること・できることをどう使うか
個別の知識・技能
思考力・判断力・表現力など

を挙げています。

国立教育政策研究所では「学びに向かう力」を「未来を創る力」と定義し、「生活や社会、環境の中に問題を見いだし、多様な他者との関係を築きながら答えを導き、自分の人生と社会を切り開いて、健やかで豊かな未来を創る力」が必要になるとしています。

「あしたの履歴書」は、まさにこの「未来を創る力」を養成する重要なツールとなることから、私たちは将来的には教育現場にも「あしたの履歴書」を教材として導入していってもらいたいという使命感をもっています。

新学習指導要領では、当初、「アクティブ・ラーニング」の視点から学習過程を改善すると明記していましたが、後の発表ではアクティブ・ラーニングという言葉を使わず、「主体的・対話的で深い学び」となりました。

ちょっと導入が遅れ、欧米とは相当な差がついた感はありますが、やる以上は徹底して実行していってもらいたいものです。しかし、すでに学校を卒業してしまった人は、いまさら初等中等教育をやり直すわけにいきませんから、「あしたの履歴書」で「未来を創る力」を身につけていくことを目指しましょう。

アクティブ・ラーニングは、すでにアメリカの大学などで長年、実践されており、講義だけでなく、ケーススタディ、双方向型授業、ロールプレイング演習、グループワークなどのプログラムが取り入れられてきました。日本ではまだそれさえも行なわれていないところが多く、講義中心です。

筆者は、シカゴ大学のビジネススクールでMBAを取得しましたが、その経験から言うと、米国では知識集約型教育も軽視していません。その点は誤解があるようです。ただし、暗記力と試験術を重視する日本と違って、ビジネススクールの筆記試験は科目によっていろいろなパターンがあります。米国のビジネススクールでの成績評価は、クラスへの貢献度、レポートやグループワークの点数ウエイトが高い一方で、筆記試験の点数も評価されています。

リーダーシップ論や組織論の筆記試験では何でも持ち込み可が多く、その代わり、単なる記憶の確認ではなく、教科書を持ち込んでも簡単に解ける問題ではありません。

会計や財務は知識を習得すること自体も重要なので、持ち込み不可。計量経済学では、レターサイズのペーパー1枚だけ持ち込みが許されました。

現在、米国のビジネススクールなどでは、アクティブ・ラーニングの最先端の手法として「インプロビゼーション（インプロ）教育」が行なわれています。インプロビゼーションとは「即興」の意味で、変化の激しいAI時代に想定外への対応力を高め、クリエイティブな問題解決能力を養成するための教育です。

ハーバード大学、スタンフォード大学、MIT（マサチューセッツ工科大学）、シカゴ大学などでMBAプログラムとして導入されています。例えばMITでは、BGMに合わせて即興でダンスをしたり、シェイクスピアの演劇の台詞を覚えて演じるなど、身体表現を訓練しています。

最も基本的なメニューとしては、ふたりが向かい合って互いに鏡に映ったように真似して動く「ミラーリング」や、架空のボールをパスする「イマジナリーボール」、荒唐無稽な話を振り、振られた側は否定しないで話を膨らませる「ＹＥＳ＆ＹＥＡＨ」などがあります。

シカゴ大学ビジネススクールでは、後述するインプロ教育の第一人者的存在であるシカゴのコメディ劇団「セカンド・シティ」と提携して、プログラムを提供しています。２０１７年1月31日には二者間での新たなパートナーシップの内容も公開されました。そこではインプロ教育がコミュニケーション、リーダーシップ、チームワークを向上させるだけではなく、組織や人の生産性と幸福度も向上させる効果があるとされています。

分析、洞察、構想、実行の各プロセスにおいて、演劇やコメディなどの即興手法を使って、身体的な運動を通して発想力や行動力などを鍛えるのです。実際、机に座って考えるよりも歩いている時や風呂などに入ってリラックスしている時にアイデアを思いつくことがあり、身体運動が思考に思わぬ影響を与えることはよく知られています。

インプロ教育の効果としては、急な変化や変更に即座にポジティブに対応できるようになること、セルフリーダーシップやチームワークが向上すること、すばやい判断ができるようになることなどが示されています。

もともと即興力のあるアメリカ人がさらに即興力を強化しようとしているのですから、日本人も早急に手を打つべきです。

即興コメディの訓練が米国ビジネス教育の最先端!?

有名なコメディアンを多数輩出してきた「セカンド・シティ」は、即興コメディをビジネスに生かすインプロ教育を多くの有名企業に提供しています。その幹部が『なぜ一流の経営者は即興コメディを学ぶのか?』(ディスカヴァー・トゥエンティワン)という本を書いています。米国では、多くの有名企業や一流の経営者がインプロビゼーションを学んでいます。創造的な人材の育成、チームワークの強化、イノベーションを促進する組織づくりなどに活用しているのです。

プレゼンテーションで人を感動させるのは難しいものですが、人を笑わせるのはさらに難しいものです。笑いは、コミュニケーションの中でも最も高度なものだからです。即興コメディのトレーニングを受けることは、迅速な対応力を養成するのに役立ちます。筆者も現在、インプロ教育を提供するための自己研鑽として、複数のお笑い教室に定期的に通っています。継続的にコミュニケーションやリーダーシップを学ぶ中で、やはりお笑いコミュニケーションは最も難しいものであることを痛感しています。ボケに対するツッコミでは、愛情がないと笑いは起きません。人を笑わせるには、言葉やジェスチャーだけではなく表情も重要です。表情までトレーニングする訓練は、通常のビジネススクールにはないことです。潜在意識レベルから自分を変化させないとできないのがお笑いや即興コメディなのです。

「あしたの履歴書」の講座でも、ミッションをつくるプロセスなどでインプロ・メソッドを導入しています。身体を動かすことで、潜在意識下にあるミッションやビジョンを引き出すことができます。それこそが、本当にその人の思っているミッションであり、潜在意識から引き出したものを意識下に定着させれば、ディープチェンジが起きやすくなるのです。

例えば、未来の自分を待ったなしの即興で演じることで、「こうありたい」という「願望の力」を顕在化させ、本当にやりたいことを照らし出すことができます。インプロビゼーションでは何をしてもOKで「失敗」はありませんから、自分の中の「失敗」の定義を書き換えることにもなります。

頭で考える前に先にやりたいことを演じるので、自分の目標、ミッション、ビジョンを見出すことができるのです。「あしたの履歴書」の30年人生計画作成では実際にインプロビゼーションを使って、目標設定を行ないます。

インプロ教育で重要なことは、ルーティーン、すなわち日常的な仕事や行動です。大リーグ選手のイチローがルーティーンにこだわるのは、想定外への対応を重視するからです。一流のスポーツ選手ほど日々、想定外への反復練習を行なっているからこそ、ファインプレーが生まれるわけで、偶然、できるものではないのです。

一流選手ほど練習で、特定のプレーを抜き出したり、意外性のあるプレーの練習をしています。サッカー選手も、ボールを持っていない時のプレーを練習しています。スポーツ選手がこうした練習を繰り返しているのですから、ビジネスパーソンも同じように、想定外の反復練習をすることが重要でしょう。

重要な業務、決定的な要素となり得る意外な業務を切り出して訓練し、手が空いている時の効果的な行動までも訓練するのです。こうしたルーティーンの徹底が、インプロ教育の基礎になるのです。


あしたのチームの幹部（部長以上）研修でも、インプロ教育を取り入れた「あしたの履歴書」の研修を実施しています。２０１６年に1泊2日の合宿研修と1回4時間の研修を4回実施しました。外部に責任をもってプログラムを提供していくには、経営幹部自らがそのプログラムに精通する必要があるのです。

さらに内定者にも、インプロ教育を含んだ「あしたの履歴書」内定者用研修を行なっています。まだ、社会経験のない大学4年生にとっては、10月に実施した研修はかなりハードルの高いものだったと思いますが、内定者はみながんばって取り組みました。

研修は、あしたのチームで働くうえでどのような姿勢で仕事をしていきたいのかということを中心に行なわれました。各人がどのような働く姿を思い描いたか、その成果の一端を紹介しましょう。

「他人やお客様の悩みを自分のことのように考え、解決策を真摯に模索すること。相談したい、安心して相談できると思われるような存在になりたい」

「あしたのチームの取り組みや、人事評価制度の効果によって、世の中の人が心の底から自然と『仕事が楽しい』と言える社会にしたい。そのためには、あしたのチームが有名になるのはもちろん、あしたのチームという会社自体が社会で目指される存在となり、働く人がイキイキしていて、魅力的な会社になる必要がある。だから、まずは自分が社内の人の多様性に向き合い、認め、どのような人でも満たされる会社にしたい。そして、そんなあしたのチームの魅力を世に広めていきたい」

「あしたのチームの人事評価がもっと世に知られ、あって当たり前の制度になり、世の中の人が目標に取り組み、認められることを無理なく、自然と楽しいと思うことができたら、世界はもっとよくなると信じている」

入社前の大学4年生が10月時点において、「あしたの履歴書」によってここまでの目的意識をもてるようになるのです。入社前にこうした目標意識をもっていれば、その後の目標設定や仕事のやり方もかなり違ってくるはずです。目標は、人を成長させるのです。

AI時代には「論点を立てる力」が最も重要

未来を創る力には、自分で課題や問題を見つけ出して解決に導く力が必須です。新学習指導要領でも、その点が指摘されています。しかし、現状では日本人にとって最も苦手なことと言えるでしょう。

筆者が外資系企業に勤めていた頃、米国人の上司がいつも言っていたのは「日本人は与えられた問題を解くのは得意だが、自分で問題を設定するのは下手だ」ということでした。この上司は「日本のバブル崩壊後の長期低迷の主因は、課題設定能力不足にある」と主張していたくらい、日本人のこのスキル不足を問題視していました。

「欧米企業が設定したテーマを自らのテーマとして追いつくだけでよかった時代には、日本企業は最強であったが、自ら未来のテーマを設定しなければならない時代には、日本企業は国際社会から取り残される」と辛辣なコメントをしていたことは、いまでも強烈な記憶として残っています。

実際に、日本人の多くはクリティカル（ロジカル）・シンキングを学ぶ機会が提供されていないこともあり、課題や問題の設定が不得意とされています。

クリティカル・シンキングは批判的思考法とも呼ばれますが、現状から課題を見出し、現状を分析したうえで、解決の仮説を立て、検証し、実行することです。論理的に思考していくことも求められますが、最終的には与えられた問題を解決していくだけではなく、自ら合理性の高い問題設定や課題設定を行ない、それらの解決策を見出すことができるようにしていくのがクリティカル・シンキングなのです。

クリティカル・シンキングにおいて、自分で課題や問題を設定することを「イシューを立てる」「論点を立てる」と言います。

仕事において重要なことのひとつは、問題を解決していくことです。新入社員のうちは、上司や誰かが自分が解くべき問題を与えてくれるかもしれません。もっとも、役職が上がるにつれて、仕事において取り組むべき問題や課題は自らが考え、自らがそれを解決していく必要性が高まってきます。

さらには、現実的に多くの仕事がＡＩに取って代わられる時代が到来したいまこそ、この「論点を立てる力」がより重要になってきているのです。将来的には「論点を立てる力」さえも、ＡＩに取って代わられるようになるかもしれません。

ただ最後の最後まで、人に、特に経営者や組織のリーダーに必要とされ、ＡＩがやる仕事と峻別されるのが、「論点を立てる力」を生かした仕事なのです。「論点を立てる力」を生かした仕事こそが、ＡＩ時代の仕事と言っても過言ではないでしょう。前出のケヴィン・ケリー氏も「ＡＩは答えることに特化し、人間はよりよい質問を長期的に生み出すことに力を傾けるべきだ」と語っています。

ここで最も重要なのは、クリティカル・シンキングにおいては、「論点を立てる力」と「長期の目標設定を行なう能力」とが同じスキルセットであるとされていることです。実際にクリティカル・シンキングのプロセスでは、最初に目標やあるべき姿を定義し、次に何が問題であるのかを明確にし、最後に対策を考えていきます。目標やあるべき姿を定義するというプロセスは、長期の目標設定を行なうプロセスと同一なのです。さらには人や組織が本当に取り組むべき課題を的確に設定していくためには、普段から問題意識を高め、大局観をもち、本質を見極める能力が不可欠です。

「自分や自分の組織においては、いま何を問いかけるべきであるのか」「自分や自分の組織においては、いま何に答えを出すべきであるのか」という視点は、長期の目標設定を行なう視点と同一なのです。

「あしたの履歴書」を通じて養われる能力とは、実は「未来を創る力」であり、「論点を立てる力」であり、そして「長期の目標設定を行なう力」なのです。そして、それらは同じスキルセットなのです。未来を創る力には、論点を立て、解決までの筋道を考える構想力、そしてそのための長期の目標設定が不可欠なのです。

「あしたの履歴書」には、未来を創る力が凝縮されています。それは、論点を立てる力と長期の目標設定を行なう力を直接的に鍛えることが企図されているからです。

「いま、世界はどのような状況にあり、自分たちが置かれている国家や社会や業界はどのような立場にあるのか」「自分たちが果たすべき役割とは何であるのか」「その役割にしたがって自分たちは何をしていくべきであるのか」。最終的には組織のリーダーとして、これらの課題設定を行なっていく能力を養っていくのが「あしたの履歴書」なのです。

インプロ教育が潜在意識に働きかけると述べましたが、「あしたの履歴書」では、加えてストーリー、メタファー、問いかけという計4つのラーニング・メソッドを活用しています。

後の章で詳しく解説しますが、目標設定では自身のストーリーとして語ることで潜在意識にインプットすることができます。

メタファーとは隠喩のことで、あなたの目標を山や道や旅に置き換えて、本音の思いを引き出します。本書では、目標を山に置き換える「山のワーク」という手法を使っていますが、あとで実例をもとに解説しましょう。

また、問いかけは、脳の「空白の原則」を利用した手法です。空白の原則とは、何か質問を投げかけると、脳に一瞬の空白ができ、それを埋めようとする人間の本能です。脳は空白を埋めずにはいられないようにできているのです。

高橋恭介の「あしたの履歴書」

さて、ここで共著者である高橋恭介と田中道昭の「あしたの履歴書」を紹介しましょう。川下りをしている中で、どんな経緯でディープチェンジを起こし、山登りを始め、3年後、10年後、20年後、30年後の目標を立てたか。そして、いま、何合目にいるのか。皆さんに自信をもってお勧めする「あしたの履歴書」は、まさに私たちふたりのこれまでの歩みと考え方から成り立っていることを、著者としてお伝えする必要があると思います。

高橋恭介は、1974年生まれで、現在、株式会社あしたのチームの代表取締役を務めています。東洋大学経営学部を卒業する時、社会に出たら、まずは金融と物流を学びたいと思いました。そこで、リース会社に的を絞って就職活動を行ない、1999年、日本興業銀行（現・みずほ銀行）の子会社だった興銀リース株式会社に就職しました。

興銀の頭取を務めた大物財界人である中山素平氏のご子息がその時の採用責任者で、興銀が日本の産業界においてどんな役割を果たしてきたのか教えてくれました。有名な経済学者の長男もいたし、毛利元就の子孫までいて、いろいろと勉強させてもらいました。

当時は、世間知らずでしたが、せっかくビジネスパーソンとして働くなら、価値ある社会人になりたいと思っていました。また安定したラクな仕事をして給料をもらうのはもってのほかで、給料は自分の実力で稼ぎ出すものだと思っていました。

他の部署でしたが、30歳で仕事のできる尊敬すべき先輩がいて、ある時「なぜ、この会社で働いているのですか」と質問しました。すると、「特に目標もないが、この会社は競争も少なく、仕事がラクで、収入がいいので、とりあえずは役員を目指すが、それ以上に何があるのか？」と言うのです。優秀でしたが、川下り中の人だったのです。

確かに、当時の会社はどんなに業績を上げても同期と差がつかず、そこそこのボーナスをもらえて、毎年かなりのベースアップがありました。このまま大した努力をせずにいても、人様以上の収入とポストは得られるでしょう。しかしとても大きな不安に襲われたのです。

その後、大手取引先の相次ぐ倒産もあり、年収が下がりました。いくら自分ががんばっても外的要因で状況はコロッと変わるものであることを知りました。もし、実力がないまま外に放り出されたらどうすればいいのか、漠然と不安を抱え、ファイナンシャル・プランナーの資格を取りました。

そんな中、ひとつ年上の優秀な先輩が、不動産鑑定士の資格を取り、不動産業界に転職しました。2001年から日本版REIT（不動産投資信託）が始まりましたが、彼は将来REIT関連の会社を興すという目標をもっていたのです。

自らリスクを取って未来を描こうとしている人がここにいると思ったら、私もじっとしていられなくなりました。この時、心の中で、ディープチェンジが起きていたのだと思います。

その後、金融界の大再編で、興銀もみずほフィナンシャルグループになります。その直前の2002年に、設立間もない小さなベンチャーであるプリモ・ジャパン株式会社に転職しました。この時、早くて3年後、遅くとも10年以内には自分で起業しようと決意しました。

プリモ・ジャパンは現在、ブライダルジュエリーの企画・販売で、売上げが193億円

（２０１６年12月期）、従業員が８５０人を超える会社に成長しましたが、入社当時は設立3年目で社員が20人ちょっとの規模でした。創業者も29歳と若く、この先、どうなるかわかりませんでしたが、あえて先行きのわからない会社に行くべきだと考えたのです。

私は、事業の立ち上げに没頭するとともに、社内の人事評価制度もつくり、組織の土台固めに力を尽くしました。２００４年に創業オーナーから事業会社が大株主となり、店舗の全国展開が始まりました。私は副社長になり、30代前半でかなりの収入を得ていましたが、会社が順調に成長し始めると、自分の居場所がなくなったように感じました。私でなくても、もうこの仕事はできると思ったのです。逆に、自分の成長の足かせになってしまうのではないかと不安を感じました。

これ以上、雇われ副社長を続けても仕方ない。給料よりは、自分のミッションのほうが重要だと思いました。そもそもいつかは起業するつもりで、興銀リースを離れたのです。その決意どおり会社をつくろうと、プリモ・ジャパンを辞め、２００８年に「あしたのチーム」を創立したのです。

最初の事業は失敗し、76か月間赤字

700万円を元手に、たったひとりで自宅マンションを事務所にして起業しました。起業には、3つのパターンがあると思っています。

まず第1に、会社の形式は取っているものの、顧客先と顧問契約するなど、フリーランスに近い雇用を生まない働き方。

第2に、他社がつくった商品を売る代理店形式。世の中には代理店式の会社がたくさんありますが、メーカーという親分に牛耳られるのは嫌だと思いました。

第3に、自ら製品をつくり、販売する製販一体の会社。私は雇用を生み出す会社にしたかったので、第3のパターンを選びました。そして、必ず成功すると強く決意しました。

大企業を辞め、ベンチャーで成功し、その地位を捨てて自ら起業したのですから、不退転の決意でした。でも、何をしようとは決めていませんでした。現在のように人事評価制度を構築するサービスなど考えてもおらず、最初に「農業求人ドットコム」というサービスを始めました。

売り手市場の世の中でも、介護や農業などの一次産業には人が行きません。これから、介護と農業は日本に必要だと思い、人材をそうしたセクターに誘導しようと考えました。

自分の役割は、社会の矛盾や問題を解消することにあると考えたのです。そこで、「ソーシャル・ベンチャーシップ」という企業理念を掲げました。

ビジネスを始めるにあたり、私はいろいろな社会起業家たちを訪ね歩き、ビジネスモデルについて教えを請いました。しかし農業求人ドットコムはまるでうまくいかず、9か月で閉鎖に追い込まれました。

そして、他に社会のゆがみを解消するような付加価値を創造できないかと、あれこれ考えている中で思いついたのが、人事評価制度でした。当時の人事の仕事はアナログで、エクセルのシートに手入力し、集計していました。これをデジタル化し、オンラインでサービスを提供できるのではないかと思いついたのです。

プリモ・ジャパン時代に人事評価制度をつくり、生産性が上がったこともあり、それをサービス化できるのではないか。そもそも日本企業の人事評価制度は正しく社員の実績を評価していないし、努力してもしなくても等しく昇給していくのはおかしいのではないか――そう思っていました。

こうして、現在の「あしたのチーム」のビジネスをつくり上げていったのですが、新しいサービスだけになかなか受け入れてもらえず、起業してからなんと76か月間、つまり6年以上も赤字状態でした。それでもやめなかったのは、このサービスによって絶対に世の中をよくするというミッションがあったからです。

事業が伸び始めたのは、2013年にアベノミクスが始まり、株価が上がって雇用環境が改善してきてからです。その中で政府の働き方改革推進が大きな追い風となりました。残業を減らし、なおかつ生産性を上げるには人事評価制度を刷新するしかないと私は認識しています。年功序列型賃金制度をこのまま続けていては日本企業の生産性が上がらず、日本丸は沈んでしまうでしょう。

日本の人事制度の基本的な考え方は、戦前・戦後の出身大学によって格差をつける身分制度のようなものです。その後、職能資格制度を取り入れましたが、その評価対象である職務遂行能力の設定は主に製造業でのみ機能し、サービス業で通用しませんでした。しかも、職務遂行能力は勤続年数が長いほど高いと認められ、一度評価された能力は下がらないことになっているので、実情と評価が異なる結果になりました。そのため、発揮している能力をきちんと評価する目標管理制度なども導入されましたが、根強く職能資格制度が残っています。

一方、日本企業は成果主義を米国から導入しましたが、失敗しました。世間の誤解とは違って米国の評価制度は成果だけでなく、プロセスをきちんと見ています。第6章でも詳しく解説しますが、「コンピテンシー」という業務のプロセス評価をする手法が80年代後半から米国の大企業中心に導入されました。

コンピテンシーとは「仕事ができる人の行動特性」のことであり、具体的な行動レベルに落とし込んで、その人の業務プロセスを評価します。言い換えれば、「こう行動したら、仕事の成果が出る」というのがコンピテンシーなのです。

もともとハーバード大学のデイビッド・C・マクレランド教授が、能力が同程度の外交官が配属先によって、なぜ業績の差が出るのか調べたことから生まれました。成果を恒常的に出すためには、よい習慣を伴わなければならず、その再現性を高めるためにコンピテンシーというモデルをつくり、それに沿った行動をすることにしたのです。

ところが、コンピテンシーが日本に入ってくると、職能資格制度の焼き増しになってしまい、スキルを文書化したものがコンピテンシーとされて、結局、成果に差がつかず、ブラックボックス化してしまったのです。

残ったのは定量的評価のMBO（目標管理制度）だけで、定性的評価のコンピテンシーは形骸化していきました。

私は「人事評価の失われた20年」と呼んでいるのですが、いまだに間接部門では年功給が生きており、残業代が賃金化していて、残業を減らすと収入が減るという悪循環になっています。

だからこそ、プロセスと成果の二軸でしっかりと評価し、日々の行動を目標化して遂行度合いを確認するとともに、目標の達成度合いを評価する制度が必要なのです。

あしたのチームが提案している人事評価制度は、がんばって成果を上げた人には報い、がんばらず成果を上げられない人にはマイナス査定を行ないます。これでこそ、がんばろうという社員が増えてくるのです。公平という名の不平等をなくすからこそ、社員のエンゲージメントが高まり、優秀な社員ほど辞めなくなります。

現在、当社では1000社以上の取引先があり、10万人の社員の目標設定の支援をしています。四半期に1回、目標設定を行ないますから、1年間にひとり8項目の目標設定をしたとして、320万項目、3年間に1000万項目もの目標を支えています。しかも、当社のお客様はベンチャー企業や中小企業がメインで、トラックのドライバーから、零細企業、プロ野球チームや金融、コンサルティング会社など多岐にわたります。

社員が少ないから人事評価制度が不要というのは大きな間違いで、10人規模の会社でも生産性が大きく違ってきます。これから社員を雇うためにと、社長ひとりの会社で採用してもらったケースもあります。

最近では、ようやく事業が軌道に乗り、今後は株式上場を目指し、あと10年ほどかけて人事評価サービスという市場、あるいは産業をつくっていくことが私の目標です。

私が社会人になり、先輩から啓発を受けてディープチェンジを起こしてから、30年ほどで人事評価産業ができることになります。

私自身の「あしたの履歴書」を改めてまとめると、3年後の目標がベンチャー企業への転職、10年後の目標が起業、20年後の目標がビジネスを軌道に乗せること、そして30年後の目標が産業化して社会を進化させることです。その時点では、私自身や会社よりも、日本のために広く尽くしたいという気持ちを強くもっています。

もちろん、ディープチェンジの時点で、人事評価を産業化しようと思ったわけではありません。順風満帆に進んできたわけでもありません。6年以上の赤字が続き、悩み苦しんだ時期もありますが、その度ごとに川下りを始めた自分に気づいて山登りにシフトする。その連続でここまで来ました。

だから、30年後の目標を絶対視するのではなく、絶えず3年後の目標を見定めて、いまを楽しみながら一生懸命に働き、少しずつ目標を達成していけばいいと思います。そうすれば、時間軸が5年、10年、15年と伸びていき、30年後の目標に届く結果となるでしょう。

田中道昭の「あしたの履歴書」

田中道昭は1964年生まれで、現在、立教大学ビジネススクール教授の職にあります。大学教授をしながら上場企業の社外取締役や経営コンサルティングの仕事をしています。ストラテジー&マーケティングが主な専門であり、立教大学ビジネススクールでは、コーポレート・マーケティング、サービス・マーケティングの1と2、クリティカル・シンキング、メディカル・ビジネス論、介護ビジネス論の6科目を担当しています。

日本・米国・欧州・アジアでのビジネス経験、金融（銀行・証券）・事業法人（メーカーや小売り）・コンサルティングでの実務経験、小売り、流通、製造業、サービス業、医療・介護、金融、証券、保険など多業種に対するコンサルティング経験、多くの上場オーナー企業経営者の経営参謀役、上場企業での社外取締役などの経験を積み、そのノウハウが「あしたの履歴書」と本書に注ぎ込まれています。

私の父は中学校の校長で、家族や親類にも学校の教師が多く、私も教師になろうと上智大学教育学科に進学しました。英語が好きだったことから、上智の看板クラブであったESS（英語研究会）に入部しました。ところが、入ってすぐに鼻っ柱をへし折られます。多少は英語に自信があったのですが、部員たちには帰国子女が多く、英会話もペラペラで、劣等感にさいなまれました。しかし、このままではいけないと奮起して、英語の特訓を受け、3年生の時にはESSの会長（プレジデント）になりました。教育学科の勉強やESS活動をしながらも、4年生の時には法学部の民法のゼミにも所属し、法律の勉強にも励みました。

当時、ESSの先輩や同期たちは大手都市銀行など金融機関に就職する人が多く、私も公共性もあり、さまざまな業種や企業を見ることができると考え、流れに任せるままに三菱銀行（現・三菱東京UFJ銀行）に入行しました。当時は真剣に考えて銀行に就職したつもりでしたが、あとで振り返ってみると、ESSをはじめとしてまわりの友人の多くが銀行に就職するのを見て、自分も乗り遅れないようにという思いが強かったようです。

入行後、神保町支店を経て、2年半後に本社のプロジェクト開発部に転勤となり、プロジェクトファイナンスの担当になりました。これは海外での製油所、発電所、LNG（液化天然ガス）基地、高速道路など大規模プロジェクトのファイナンスを担う仕事で、とってもやりがいのあるものでした。

在職中、1995年にシカゴ大学ビジネススクールに留学し、MBAを取得、97年に帰国してシンガポールの現地法人に配属となりました。33歳の時です。そこでは、インドネシアの大手財閥系企業を担当しました。

その年の夏、順調に成長していたアジア経済に激震が起きました。タイから始まったアジア通貨危機です。インドネシア企業はドル建てで取引していたので、当初は影響も大きくないと思われていましたが、ルピアが暴落し始め、ドルに対して3分の1ほども下落しました。

これによって、多くのインドネシア企業がデフォルト（債務不履行）やリスケジュール（返済繰り延べなど）に追い込まれ、倒産が相次ぎました。たった数か月で風景が一変し、かつての有力企業もバタバタと倒れていきました。同時に、私の仕事も債権回収が中心になっていったのです。

このアジア通貨危機は大きなインパクトを私に与え、これをきっかけにいろいろと自分自身の将来についても考えるようになりました。それまでは、ただがむしゃらに前に進み、ビジネスパーソンとしてトップになることだけを夢見ていましたが、本当は何がやりたいのかと自問自答するようになったのです。

それから、何かを探すようにさまざまな分野の本を読み始めました。そしてその読書の中で出会った3人の著者が、私のバーチャルな「メンター」（指導者や師）となったのです。歴代首相のご意見番・指南役として有名な、思想家の安岡正篤《まさひろ》氏、林学博士・造園家として「日本の公園の父」とも呼ばれる本多静六氏、経営コンサルタントとして世界的にも著名な大前研一氏です。

本多氏は1866年生まれで、数々の公園をつくる一方で、勤倹貯蓄に精励し巨万の富を築いた人でもあります。生涯で370冊もの著書がありますが、その中に『人生計画の立て方』（実業之日本社）という本があります。人の何倍も働いて成功を収めたという本多氏は、人生には計画が必要と、25歳で人生計画を立てました。その人生計画に私は強く心を揺さぶられたのです。その一節を引用します。

第一　満四十歳までの十五年間は、馬鹿と笑われようが、ケチと罵られようが、一途に奮闘努力、勤倹貯蓄、もって一身一家の独立安定の基礎を築くこと。
第二　満四十歳より満六十歳までの二十年間は、専門（大学教授）の職務を通じてもっぱら学問のため、国家社会のために働き抜くこと。
第三　満六十歳以上の十年間は、国恩、世恩に報いるため、一切の名利を超越し、勤行布施のお礼奉公につとめること。
第四　幸い七十歳以上に生き延びることができたら、居を山紫水明の温泉郷に卜《ぼく》し、晴耕雨読の晩年を楽しむこと。
第五　広く万巻の書を読み、遠く万里の道を往くこと。

挫折の中で見出した「ミッションとは灯台の明かり」

30～40代をどう過ごすべきかと考えていた私は、本多氏の言葉で自分の人生設計の甘さを痛感しました。特に「満六十歳以上の十年間は、国恩、世恩に報いるため、一切の名利を超越し、勤行布施のお礼奉公につとめること」という一節に、私も自分のことばかりではなく、将来的には広く社会の役に立ちたいと強く思うようになったのです。ちなみに、大学教授になるという目標も本多氏の著作に大きな影響を受けたものでした。

大前氏の本は以前から読んでおり、『企業参謀』（講談社）などに啓発を受けていました。シカゴ大学ビジネススクールに留学中も、日本人の学者や著名人の本はほとんど書店にないのに、この『企業参謀』など大前氏の著作は英訳されて、アメリカ人のビジネスパーソンに広く読まれていました。その影響を強く受けて、私は「参謀役」という言葉や役割に強いあこがれを抱くようになりました。

そのような中で、安岡氏の著作を読むにつれて、安岡氏が企業を超えて首相の指南役までも務めたということに強い衝撃を受け、さらに「参謀役」ということに強いあこがれを抱き、自身の30年後の目標の人物に設定したのです。

いま振り返ってみると、私はその時、ディープチェンジをしたのだと思います。銀行を辞めることを決め、数年間は外資系金融機関で専門職としての能力を磨いてから独立し、10年後には企業参謀、20年後にはビジネススクールの大学教授、30年後には安岡氏のように国家や国家元首の参謀役になると目標設定したのです。

もっとも、幼少の頃から東洋哲学に親しんできた安岡氏のようになるには30歳を過ぎてからでは間に合いません。ただし、自分にはシカゴ大学ビジネススクールで学んだ経営学を東洋哲学等の帝王学で掛け算をすることで、21世紀版の参謀役として差別化が図れるのではないかと考えたのです。

１９９７年に34歳で東京三菱銀行を辞め、シティバンクに転職。資産証券部トランザクター（バイスプレジデント）になり、36歳でバンクオブアメリカ証券会社に移って、ストラクチャードファイナンス部長（プリンシパル）、そして37歳でＡＢＮアムロ証券会社オリジネーション本部長（マネージングディレクター）となり、39歳で独立しました。

経営コンサルタントとして前述したようさまざまな業種業界でコンサルティングを行ない、多くの上場オーナー企業経営者の参謀役にもなりました。

その間、私の心の中にも変化が起きました。思い描いていたような幸福感や満足感が得られず、仕事に邁進してきた分、プライベートの生活が犠牲になっていました。遠い先ばかりに目を向け、足元に目を向ける余裕を失っていたのです。競争で勝つことが目的ではなく、協力と信頼関係を築くことこそが幸せの道ではないかとも思うようになりました。

　強い使命感をもっている人は考え方や行動がぶれず、まわりから信頼されている。でも自分は安岡氏のようになりたいとただ思うだけで、自分がどのようにありたいかという使命感は欠如していた。そもそも、本多氏が言う「国恩、世恩に報いる」ためにも、まずは自分の足元から固めなければダメではないか、そこにミッションがなければ意味がないと当初の目標設定から何年も経ってからようやく気づいたのです。


　ミッションとは、灯台の明かりのようなものです。使命感や価値観が明快な会社や人は、そうでない場合に比べて、より多くの人を引き寄せることができるでしょう。一方、感謝とは自分の手元にある懐中電灯のようなもので、暗闇の庭園にたたずんでいても、懐中電灯の明かりは、足元の真っ赤なバラに気づかせてくれます。

　感謝の気持ちは、いまあるものや、いまできていることに気づき、それらの価値を味わい尽くす幸せのフラッシュライトです。

　本当に大切なものは失ってみないと気がつかないと言いますが、私自身も遠回りしながら、灯台の明かりと幸せのフラッシュライトの大切さに気がつきました。そして、それらを手にすることを目指しました。

こうした問題意識をもち、自分自身の哲学やこだわりを明確化していく中で、企業の経営者や経営幹部とともにミッションやビジョン、中長期経営計画、戦略をともにつくり実行していく仕事を中心に行なうように変化してきたのです。そして、2012年には『ミッションの経営学』（すばる舎リンケージ）という本を出版し、その本が大きなきっかけとなり、立教大学ビジネススクールの教授になり、さまざまなメディアで発信するようになりました。

また最近では、孫氏の兵法と現代の経営学とを掛け合わせた5ファクター・メソッドという独自の手法で、イスラエルやスイスなどの国家としての競争戦略を分析したり、アマゾンやアリババなどの国家規模にも及ぶ巨大企業の大戦略分析なども行なっています。トランプ米大統領の政治マーケティング分析やプロファイリングなども、同じ趣旨で行なっています。2017年の3月には、イスラエルから国費でリーダーシッププログラムの団長として招聘も受け、国際競争力の高い国家の大戦略を直接学ぶという貴重な経験もしました。経営学と東洋哲学との融合や国家・社会・産業・企業・人を同時に分析することは、私のライフワークなのです。

そもそも、私の名前である「道昭」には「道を照らす」という意味があります。自分の存在を、人や組織、さらには社会の道を照らすことにまで高めていきたい。米国をはじめ、かつての帝国の多くが閉じていこうとしていく中で、一人ひとりの個性や多様性が大切にされる世界が創造されることに貢献していきたい。「国恩、世恩に報いる」ことのできる人間になりたい。人としては極めて未熟ではありますが、それが現在の私のミッション、人生目標、使命感なのです。34歳の時につくった人生計画である「あしたの履歴書」が、その後さまざまな紆余曲折や多くの挫折経験を経て、現在のミッションへとつながっているのです。

いまの仕事を愛するための「あしたの履歴書」

高橋恭介と田中道昭のふたりがどのように出会って、「あしたの履歴書」を生み出し、本書を書くことになったのかについても簡単に触れておきましょう。

あしたのチームでは、2011年から一般の個人向けのサービスである「MVP倶楽部」事業を企画していました。ビジネスパーソンが市場価値を上げるためのスキルやノウハウを提供するサービスです。

しかし、企業に対して人事評価制度を構築するという本業をまず軌道に乗せるため、いったん休止、「MVP倶楽部」事業は2016年から再スタートを切りました。その時、あるお客様を通して、私が紹介してもらったのが田中道昭でした。

話しているうちにミッションや危機感、問題意識など考え方に共通点が多いことがわかり、意気投合して、MVP倶楽部の事業パートナーとして参加してほしいとお誘いしました。

驚いたのは、ふたりともかなり前から30年計画を立てていたことでした。互いに自分の人生計画を披露し合い、現在だけではなく互いの将来の目標も交差し合う可能性にワクワクし、さらに意気投合したのです。

こうして、MVP倶楽部のひとつのサービスコンテンツとして両者で力を合わせ「あしたの履歴書」をつくり上げたのです。

2016年から、企業研修プログラムと個人向けプログラムという形で、田中道昭を講師として、多くの受講生を送り出してきました。そして、より多くの人たちに「あしたの履歴書」を知ってもらいたいと、今回、本書を刊行することにしたのです。

本書は、講座よりも内容はコンパクトで、3年後の「あしたの履歴書」がメインになっていますが、ミッション、ビジョンを立て、人生に目標をもつことで、いまの仕事が楽しくなり、モチベーションが上がります。

未来のためにいまを我慢するのではなく、いまの仕事を愛するということが、とても重要なのです。そのために、ミッションとビジョンが一致するように、「あしたの履歴書」があるのです。

メルカリに見る仲間と目標の重要性

「あしたの履歴書」では、目標設定においても、目標を実現していく中でも、仲間（ピア）とのつながりを大切に考えています。実際にも、「あしたの履歴書」の超長期目標設定の項目には、自らが演じていく「主人公」などと並んで、「仲間」という欄も用意されています。ここでは、最近注目されている日本企業の事例を通して、仲間とのつながり、そして目標や目標管理の重要性について見ていきたいと思います。

「創業4年で時価総額1000億円以上」。ベンチャー投資の世界では、創業10年以内で時価総額1000億円以上の非上場企業は、ユニコーン企業と呼ばれています。日本随一のユニコーン企業が、フリマアプリで有名な「創業4年で時価総額1000億円以上」企業、メルカリです。

私は、「アマゾンvs.アリババ」に対抗する新経済圏を創造する企業が今後10年の間に日本企業から登場するとしたら、それはメルカリであると予想しています。フリマアプリやC2C企業として有名なメルカリですが、その本質を私はP2Pプラットフォーム企業であると捉えているからです。

C2Cとは消費者対消費者取引の略であり、個人を消費者としてだけ捉えている考え方です。そこに一人ひとりの個性はありません。それに対してP2Pとは、Peer to Peer（ピア・ツー・ピア）の略であり、対等な仲間同士がつながるという意味をもった、共創による広がりと大きな可能性に満ちた概念です。ピアという概念は、最近さまざまな分野で注目を集めており、例えば仲間同士が学習し合う創造的学習手法であるピア・ラーニングが有名になってきています。

メルカリの山田進太郎会長兼CEOは、2013年の創業直後から米国展開をスタートさせています。設立当初からメガベンチャーを目指しており、そのために早い段階から上場企業を凌駕するような強固な組織づくりにも取り組んできています。さらにはかなり早い段階から「メルカリ経済圏」という言葉も口にしており、日本、米国、欧州からC2C

市場を構築していく構想を明らかにしています。

Ｐ２Ｐの可能性が大きいのは、次代のビジネスの中核になると目されているブロックチェーン、クラウドソーシング、シェアリングと融合性が高いからです。ケヴィン・ケリー氏は、すでに紹介した著書の中で以下のように述べています。

「これからの30年を考えると、最大の富の源泉――そして最も面白い文化的イノベーション――はこの方向の延長線上にある。２０５０年に最も大きく、最速で成長し、一番稼いでいる会社は、いまはまだ目に見えず評価もされていない新しいシェアの形を見つけた会社だろう。シェア可能なもの――思想や感情、金銭、健康、時間――は何でも、正しい条件が揃い、ちゃんとした恩恵があればシェアされる」

メルカリでは、すでに「モノ領域」のフリマアプリだけではなく、「コト領域」での事業（英語レッスンなど）等も展開しています。Ｃ２Ｃに特化した投資ファンド事業も行なっており、私はメルカリがＰ２Ｐのプラットフォーム企業になることでメルカリ経済圏を創造していこうとしているのではないかと考えています。

私がメルカリにP2Pプラットフォーム企業としての大きな可能性を感じるのは、山田CEOが「インターネットは本来、一人ひとりにエンパワーメントを与えるもの」であることを再三強調し、個人やチームの能力を重視した事業展開に強いこだわりをもっているからです。創業4年で時価総額1000億円以上というこれまでの驚異的な事業スピードも、まさに個人とチームの強みを引き出し、ピア・ツー・ピアというフラットで新たな関係性をフリマアプリというかたちで事業化したからだと思うのです。山田CEOの優れたトップダウン・リーダーシップだけではなく、メルカリにはボトムアップ・リーダーシップも存在しています。「文化的イノベーション」を生み出し、新たな時代の「文化ブランド」に成長する可能性も秘めています。そこに「アマゾンvs.アリババ」に対抗する新経済圏を創造する日本企業としての将来性を見出しているのです。

そして、ここで述べているようなメルカリの「アマゾンvs.アリババ」に対する競争優位が、日本企業がアマゾンやアリババと競争していく上でも大きなカギになると考えています。さらには人の仕事を奪いつつあるAIに人が競争優位をもち続けられる部分も、ピア・ツー・ピア、仲間と仲間というフラットで新たな関係性から新たな価値を生み出していくところになるのだと確信しているのです。

前述のケヴィン・ケリー氏の予測と、山田CEOのエンパワーメントへのこだわりを「掛け算」した時、私が想起したことは、「C（消費者）よりはP（仲間）」、「没個性的なモノよりは個性的なコト」「超米国的なコトよりは超日本的なコト」「超合理的なものよりは超文化的なコト」という事柄だったのです。そしてこれらの中にメルカリ経済圏や日本企業がさらに発展していく可能性を感じているのです。つまりは仲間（ピア）とのつながりが、これからのＡＩ次代にはさらに重要になってくるのです。

さらに「あしたの履歴書」としてメルカリに注目しているのは、同社の目標管理制度です。山田ＣＥＯがメルカリの「強固な組織づくり」の心臓部と考えているものです。『日経ビジネス アソシエ』の２０１７年10月号において、「メルカリ流の働き方」が特集記事として掲載されています。その中核となっているのも、同社の目標管理制度兼人事評価制度ＯＫＲです。ＯＫＲとは、「Objective and Key Results（目標と主な結果）」の略称であり、米国ではグーグルをはじめとして、シリコンバレーの最先端企業が導入していることで知られているシステムです。実は、あしたのチームで提供している人事評価制度「ゼッタイ!評価」および「あしたの履歴書」もOKRのコンセプトをさらに進化させてできています。

メルカリでは、全社的にOKRを年に4回記入し、年俸額を決めるための人事評価は年2回実施しています。あしたのチームでは、「ゼッタイ!評価」のクライアント企業に年4回の人事査定を推奨し、自らそれを実行しています。年4回、つまりは四半期(3か月)ごとに全社的な目標管理を回していると、3か月が1年、あるいは1年で4年分の成長を遂げているような身体感覚をもつことができるようになります。「創業4年で時価総額1000億円以上」というメルカリの驚異的な事業スピードの源泉のひとつも、OKRとのその高速回転PDCAにあるのではないかと思うのです。

仲間とともに目標設定し、仲間とともに目標を実現していく。私たちは、仲間とともに仕事をしていく「ピア・ツー・ピア」での事業構築、「ピア・ツー・ピア」相互間の新たなコミュニケーションこそが、これから日本企業、そして日本のビジネスパーソンがＡＩ時代の中で生き残っていくための大きなカギになると考えているのです。

個性を生かして「目標をもつ勇気」を養う

本書のサブタイトルは、「目標をもつ勇気」です。これには筆者のふたつの想いが込められています。

ひとつ目は、本書で何度か述べてきたように、目標をもつ素晴らしさ、実現していくことの素晴らしさをお伝えしたいという想いです。目標をもつ人は強い。目標をもつことで信念や自信も深まってきます。目標をもつことが自己変革にもつながります。

ふたつ目は、その一方で、目標をもつことは決して簡単ではないということです。特に10年単位のような長期の目標をもつとなるとなおさらです。それは、人は長期のことを考えることにメンタルブロックが入っていることが多いからです。

このような中で、「目標をもつ勇気」というサブタイトルを本書につけたのは、「目標をもつ勇気」を養っていくことも、「あしたの履歴書」の重要な部分と考えているからなのです。

筆者は、立教大学ビジネススクールで教鞭を執っていますが、社会人大学院である同校は、学生は20代から60代までと年齢層は幅広く、留学生も多く、まさに多様性と個性に満ち溢れている学習環境となっています。教員側にとって難しいのは、これだけの多様性の中で、いかに一人ひとりの個性を生かしたアクティブ・ラーニングの環境を提供できるかという点なのです。

多様性と個性に満ち溢れた学生と同時に授業を行なってきた中で、筆者が改めて学びと再発見をしたのは、人によって動機づけとなる要因が異なるということでした。そこでビジネススクールでも活用し、「あしたの履歴書」でも取り入れているのが、ポジティブ心理学の第一人者で米国心理学会の元会長で、ＴＥＤにも数多く登場して有名な心理学者であるマーティン・セリグマン教授のＰＥＲＭＡという手法だったのです。

Ｐとは「Positive Emotion」の略で、ポジティブな感情

Eとは「Engagement」の略で、他の章でもご紹介したエンゲージメントや没頭
Rとは「Relation」の略で、人と人との関係性
Mとは「Meaning」の略で、意味や意義
Aとは「Accomplishment」の略で、目標の達成

20代から60代の社会人学生と同時に授業を行なっている中で、改めて思うのは、40代以上の人たちの中では、目標の達成ということを自分の動機づけの源泉にしていることが比較的多いということです。その一方で20代や30代前半の人たちの中では、人と人との関係性やワクワク感、エンゲージメント、ポジティブな感情を自分の動機づけの源泉にしていることが比較的多いということです。

年齢による違い以外にもさまざまな違いが人にはありますが、年齢や年代はいつどのようなことを経験してきたか（いつ生まれ、どのような時代に、どのようなことを、どのような社会環境の中で経験してきたか）が凝縮されているため、特に動機づけの理由が違うという結果に反映されやすいのだと観察しています。マーケティングにおいても年齢効果、

世代効果、時代効果の3つを重ね合わせて分析するというコフォート分析という手法がありますが、そこでも年齢が重要視されています。

実際に30代前半の人たちも同じような違いを感じています。女性起業家でビジネスSNSウォンテッドリーの経営者である仲暁子さんは、著書『ミレニアル起業家の新モノづくり論』（光文社）の中で、ミレニアル世代（1982年以降に生まれた人たち）の特徴として、「所有よりアクセス」「コスパ重視」「健康に気を遣う」「貯金する」「LGBTが多い」「ポリコレ（ポリティカル・コレクトネス、差別や偏見を嫌い、多様性を受け入れること）」「『何のために』を気にする」「アーリーアダプターが2・5倍多い」の8つの項目を挙げています。

そして仲さんは、「ミレニアル世代は、単純に社会的に安定しているからとか、給与が高いからというだけではやる気のスイッチが入らない傾向が強い。どちらかと言うと、何のためにというのが強い」と指摘しています。この世代の人たちは、もともと「何のために」という目的意識が強いので、さらにミッションが明確になれば、自ら自律的にそのミッションを実現していくために目標を立てるようになるという事例を私自身も数多く経験しています。

ＰＥＲＭＡに話を戻すと、この手法は、ウェルビーイング理論、持続的幸福度の理論と呼ばれており、これらの５つの要因をバランスよくもつことで、人はふだんから持続的に幸せ感をもつことができるようになるというものなのです。世代によってデフォルト状況（そのままの状況）では何を大切にしているのかは異なるものの、世代にかかわらず共通なのは、５つの要因をバランスよく高めていくことが重要ということなのです。

目標の達成を重視している人に対しては、人と人との関係性やエンゲージメントという要因をさらに提供していく。

人と人との関係性やエンゲージメントを重視している人には、目標ももつことができるようにしていく。

そこで両者共通に重要となるのが、Ｍの意味や意義、すなわちミッションなのです。

自分がこれまで立ててきた目標の中から、さらに深い意義を見出していく。

これまで目標がもてていないと思ってきた人生の中から、本当はふだんの生活の中に投影されていた意味や意義を見出していく、その中で自然に目標を見出していく。

それぞれが自分の人生や仕事の中で、さらに深い意義を見出していくことで、さらに意味のある人生にしていく。

さらには、インプロビゼーションによって、みんなで身体を動かしていくことは、人と人との関係性やエンゲージメントを高めていくのに効果的です。

このように、「あしたの履歴書」では、PERMAの5つの要素をバランスよく高めていくとともに、その人の個性を活かして誰もが目標をもつ勇気を、そして目標自体をもてるようにしていくのです。

ポジティブな感情をもち、自分の目標にエンゲージし、その目標に意味や意義を見出し、少しずつ成果を積み上げ、仲間との関係を構築していく。

「あしたの履歴書」は、ウェルビーイング、つまりは持続的幸福度を高めていくプログラムでもあるのです。

第3章

自ら人生の脚本家となり、主人公となる

「あしたの履歴書」の全体構造

さて、ここから「あしたの履歴書」を実際にどのように実践するか、実例を交えてご説明します。読者の皆さんも、一緒に「あしたの履歴書」をつくっていきましょう。

その前に「あしたの履歴書」の全体構造と理論的な裏づけからお話しします。

まず「あしたの履歴書」は、「きのうの履歴書」「きょうの履歴書」、そして3年後の「あしたの履歴書」という基本の3部と、30年計画の「あしたの履歴書」から構成されています。

「きのうの履歴書」は、過去の振り返りです。これまでどんな出来事があり、成功（山）と失敗（谷）の繰り返しであったことを再確認します。どんな人にも山と谷はあり、上り調子の時も下り調子の時もあります。それを素直に肯定的に受け入れることがとても大切です。その山や谷を「エンゲージメント・グラフ」としてまとめます。

図3

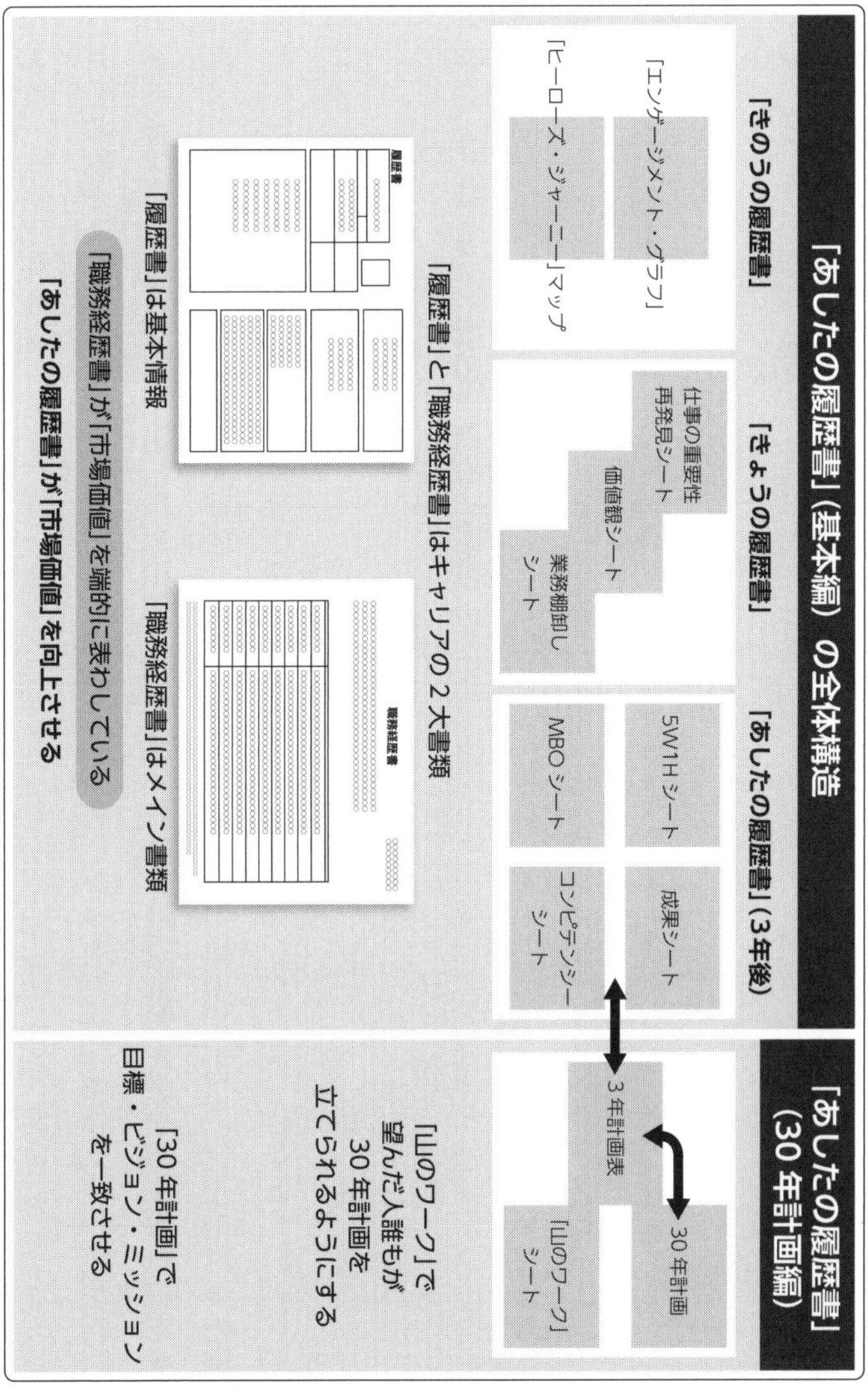
「あしたの履歴書」（基本編）の全体構造
「きのうの履歴書」
「エンゲージメント・グラフ」
「ヒーローズ・ジャーニー」マップ
「きょうの履歴書」
仕事の重要性再発見シート
価値観シート
業務棚卸しシート
「あしたの履歴書」（3年後）
5W1Hシート
成果シート
MBOシート
コンピテンシーシート
「履歴書」と「職務経歴書」はキャリアの2大書類
履歴書
職務経歴書
「履歴書」は基本情報
「職務経歴書」はメイン書類
「職務経歴書」が「市場価値」を端的に表わしている
「あしたの履歴書」が「市場価値」を向上させる
「あしたの履歴書」（30年計画編）
3年計画表
30年計画
「山のワーク」シート
「山のワーク」で望んだ人誰もが30年計画を立てられるようにする
「30年計画」で目標・ビジョン・ミッションを一致させる

また、人生に共通するストーリー展開で「ヒーローズ・ジャーニー（英雄の旅）」と呼ばれる法則があります。それは、米国の神話学者であるジョーゼフ・キャンベル氏が各国の神話や民話の研究から見出したものですが、簡単に言えば主人公がさまざまな試練を乗り越えて成長し、使命を果たすというストーリーです。このヒーローズ・ジャーニーの法則を使って「きのうの履歴書」を振り返ります。これらのつくり方は、第4章で説明します。

「きょうの履歴書」では、現在の業務（ルーティーン）を明確にします。まず、あなたの会社や商品・サービスの特徴などを書き出して「仕事の重要性再発見シート」にまとめます。そして、あなたが大切にしている価値観を一覧表の中から6つ選び、そこから3つに絞って優先順位をつけます（「価値観シート」）。さらに、現在の業務の洗い出しをして「業務棚卸しシート」をつくります。

3年後の「あしたの履歴書」が、キャリア・デザインの中核となり、ここでは履歴書と職務経歴書がメインの書類となります。この2つの書類は転職のためだけに使うものと思っている方が多いと思いますが、実はキャリアに関する2大書類とも言えるものです。

履歴書は市販されているフォームがあり、どのようなキャリアを経てきたかという基本情報を示すものですが、職務経歴書はビジネスパーソンの市場価値を端的に表わしている重要な書類です。人事だけでなく、将来の上司・同僚・部下も見る書類で、キャリア・パスやキャリア・プランの中核に据えて活用すべきものです。

というのも、職務経歴書には一定のフォームはなく、内容や書き方がその人の仕事の意欲を示すものだからです。意欲とは、具体的には入社の動機や今後の目標、使命感などですが、普通はそこまで書かないでしょう。また、文章力やプレゼン能力も問われます。

この職務経歴書をベースにして、3年後にどういう成果を上げたいのか目標を設定していきますが、その時にまず使うのが「5W1Hシート」と呼ぶものです。「いつ、どこで、なぜ、何を、誰に、どうやって」と、5W1Hで目標を具体化していきます。

そのうえで、「成果シート」をまとめます。数値、定性、感情、経験、スキル、知識、人脈、意義の点から成果を具体的に記述します。

さらに、定量的成果を「MBO（目標管理）シート」に書き、その成果を実現するためにどのように行動すべきか、「コンピテンシーシート」に行動目標を立てます。

30年計画の「あしたの履歴書」では、「山のワーク」というメタファーを使った手法で30年後の目標を設定し、3年後、10年後、20年後、そして30年後の目標を描く「30年計画ライフ・コンパス」をつくります。そこから逆算して、これからの「3年計画表」を立てます。10年単位でキャリア・デザインを考える習慣を身につけることは、「未来を創る力」を養ううえで、大きな武器になります。

30年後の超長期目標までは多くの人が考えたことがないでしょうし、その設定は簡単ではありません。第8章で解説する「あしたの履歴書」30年計画編では、後述する問いかけ、ストーリー、メタファー、インプロビゼーションの4つのメソッドを使って、潜在意識からあなたが本当にやりたいことを引き出します。

「あしたの履歴書」の目的は、自らの人生の脚本家となり、主人公となることです。客観的に脚本を書き演じていく。そうすると、ありふれた日常が魅力的なライフストーリーに変化します。大切なことは、過去を肯定し、将来の目標を明確にしていくことで、いまのワクワク感を高めることです。

長期で考えることで、思考範囲が広がり、行動範囲が広がり、影響範囲が広がり、いまここでの幸せ感も高まります。10年後をイメージできれば、いまやるべきことが見えてきますし、10年単位で物事を考える習慣も身につきます。

自分の「成長」とは何かを「あしたの履歴書」で定義し、自分が何のプロになるかを決めることができれば、自己成長を実感することができるでしょう。

なお、映画や小説のヒーローやヒロインのことを「主人公」と言いますが、「主人公」とはもともとは禅の言葉です。禅語の「主人公」とは、「物事に主体的に積極的に関わっていく自分」「本当の自分」「真実の自分」という意味をもった重要な言葉なのです。自らが、自らの「主人公」として、主体的に積極的に生きることを意味する言葉なのです。

映画や小説で「主人公」になれるのは、登場人物の中のほんのひとりか、ふたりです。もっとも、本来の「主人公」とは、気持ちや意識のもち方次第で、誰もが主人公になれるのです。そして、「あしたの履歴書」においては、まさに誰もが主人公になることを必要としているのです。

社長や部長など、上位職の人たちが主人公なのではない。
会社の肩書きにはまったく関係なく、誰もが、一人ひとりが主人公になることを求めているのです。

「あなたは自らの人生の主人公となっていますか？」
「あなたは自らの人生の主人公になりたいと思いませんか？」

人生においては、そして自分のキャリア・デザインにおいては、誰かを主人公にするのではなく、あくまでも自分自身が主人公として主体的に積極的に仕事に取り組んでいかなければ本当の喜びは得られないのです。

「あしたの履歴書」の理論的裏づけ

「あしたの履歴書」の理論的な裏づけですが、その構造は3本柱になっています。

まず、「人・組織・リーダーシップ」です。筆者は『人と組織 リーダーシップの経営学』（すばる舎リンケージ）という著書があり、この分野でもコンサルティングや研修を数多く提供しています。その中でも、特にセルフリーダーシップの理論を活用しています。セルフリーダーシップについては、本章の最後で詳しく解説していますので、参考にしてください。

次に「セルフマーケティング」ですが、組織や企業においてマーケティングが重要であるように、個人においてもマーケティングは必要で、私も立教大学ビジネススクールで教えています。特にセルフブランディングの理論が重要で、自分自身の強みをどう強化し、磨き、周囲に対して効果的に示していくかが問われます。

そして、「キャリア・デザイン論」という学際的な研究分野では、その中でも特に教育心理学を活用しています。私は、上智大学時代に教育学を専攻していました。教育心理学は、人間の心や身体が年齢ごとにどう発達するかを研究する学問ですが、「あしたの履歴書」のプログラムにも年齢による影響を組み込んでいます。

私は、立教大学ビジネススクールで教鞭を執りながら、コンサルティングや研修を数多く提供していますので、その経験や知見が「あしたの履歴書」に投入されています。

図 4

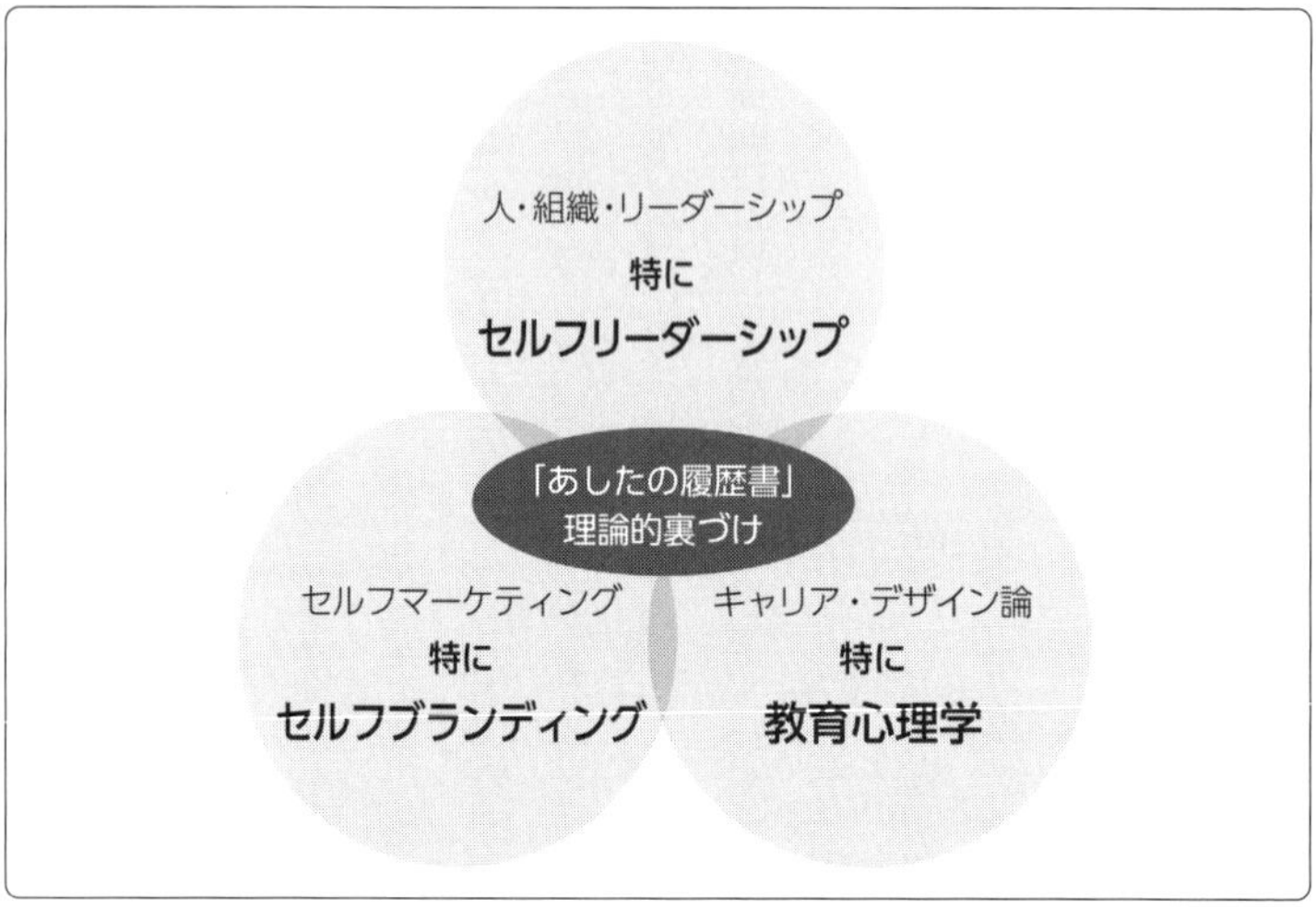

もうひとつの3本柱が、「自分戦略」「セルフリーダーシップ」「セルフマネジメント」です。

そもそも組織が戦略を実行するうえで、リーダーシップとマネジメントが両輪となりますが、個人が人生の中で目標を達成する自分戦略も同様に、実行の際にセルフリーダーシップとセルフマネジメントが不可欠となります。セルフリーダーシップとは、自分自身に対してリーダーシップを発揮することであり、リーダーシップとは、人に働きかけて、動機づけをしたり、鼓舞することです。一方、マネジメントは仕組みやルールで人および組織を動かすことです。

従って、セルフリーダーシップによって

図5

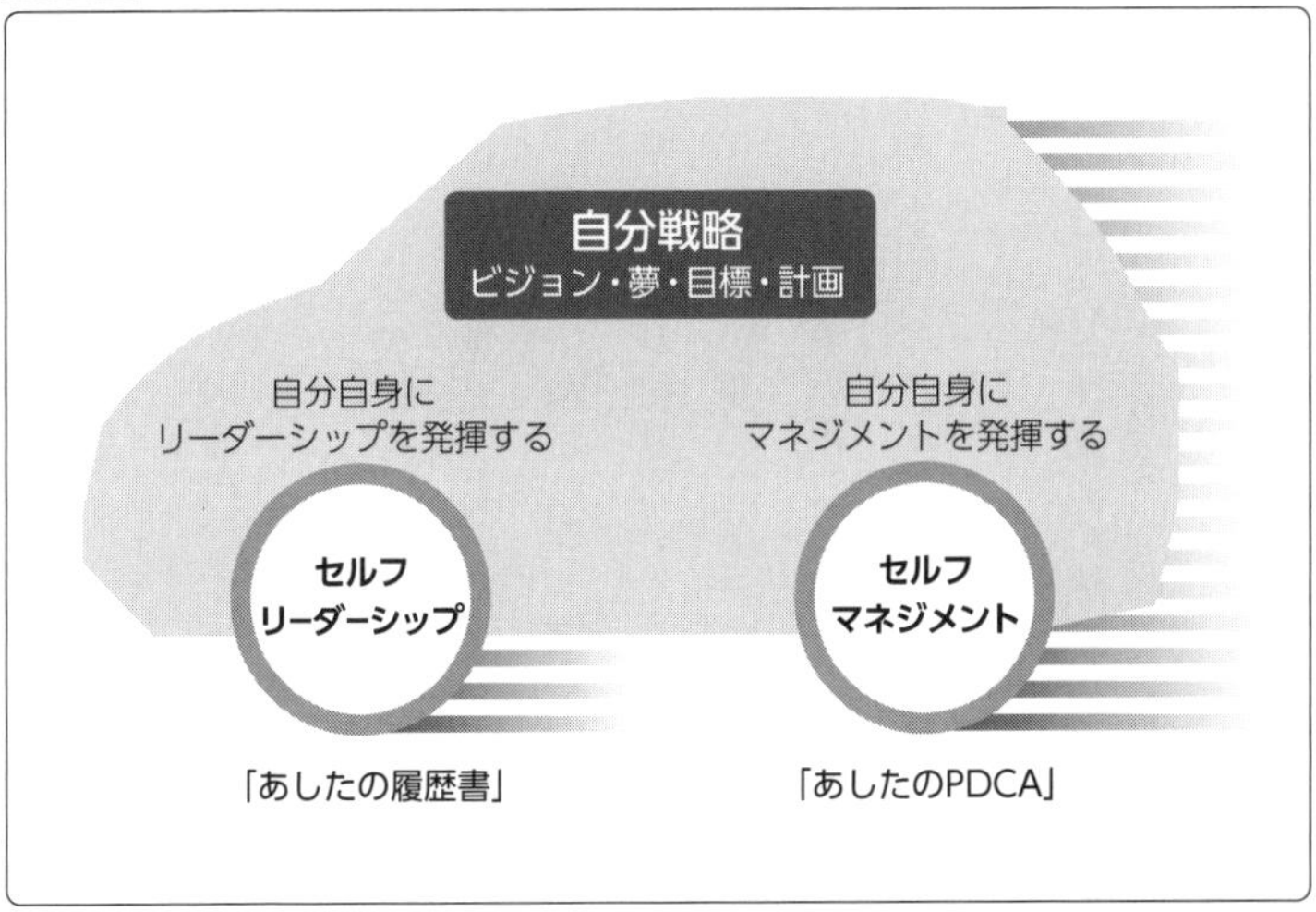

自分自身に対して働きかけて、やる気や自信、行動力を高める必要があります。「あしたの履歴書」がその役に立ちます。

セルフマネジメントは、第7章で解説する「あしたのＰＤＣＡ」と重なります。ＰＤＣＡとはプラン（計画）、ドゥー（行動）、チェック（評価）、アクション（改善）のサイクルを繰り返して、目標を達成したり、成果を上げることです。「あしたの履歴書」で設定した目標を実現するためにはＰＤＣＡが必須となります。

先ほど述べましたが、30年後の長期目標の設定には問いかけ、ストーリー、メタファー、インプロビゼーションという潜在意識に直接訴求する4つのラーニング・メソッドを活用しています。この4つのメソッドは頭に入りやすく、イメージしやすい、そして感情が入りやすく記憶に残りやすいので、直接潜在意識に働きかけるのです。目標設定だけでなく、自律的な行動を促すうえでもとても重要なものです。

人は、言葉でものを考えます。つまり、意識とは言葉であるとも言えるのです。一方、潜在意識は身体感覚そのものです。

例えば、誰かを信頼したり、誰かに心を開いていくような場合、潜在意識が大きなカギを握ります。あまり付き合いたくないタイプの同僚がいた時、頭では仲よくしなければと思っても、表情や態度には嫌いだというサインがつい出てしまいがちになります。潜在意識が拒否し、身体で表現しているわけです。そのため、重要な人間関係をつくったり、自律的な行動を起こすうえで潜在意識はとても重要です。

例えば、ダイエットをしなければと頭では思い、誓ったとしても、ついつい食べ過ぎてしまう。それは、潜在意識に訴求していないからです。

問いかけは、前述したように空白を埋めようとする脳の本能を利用しています。通常、

図6

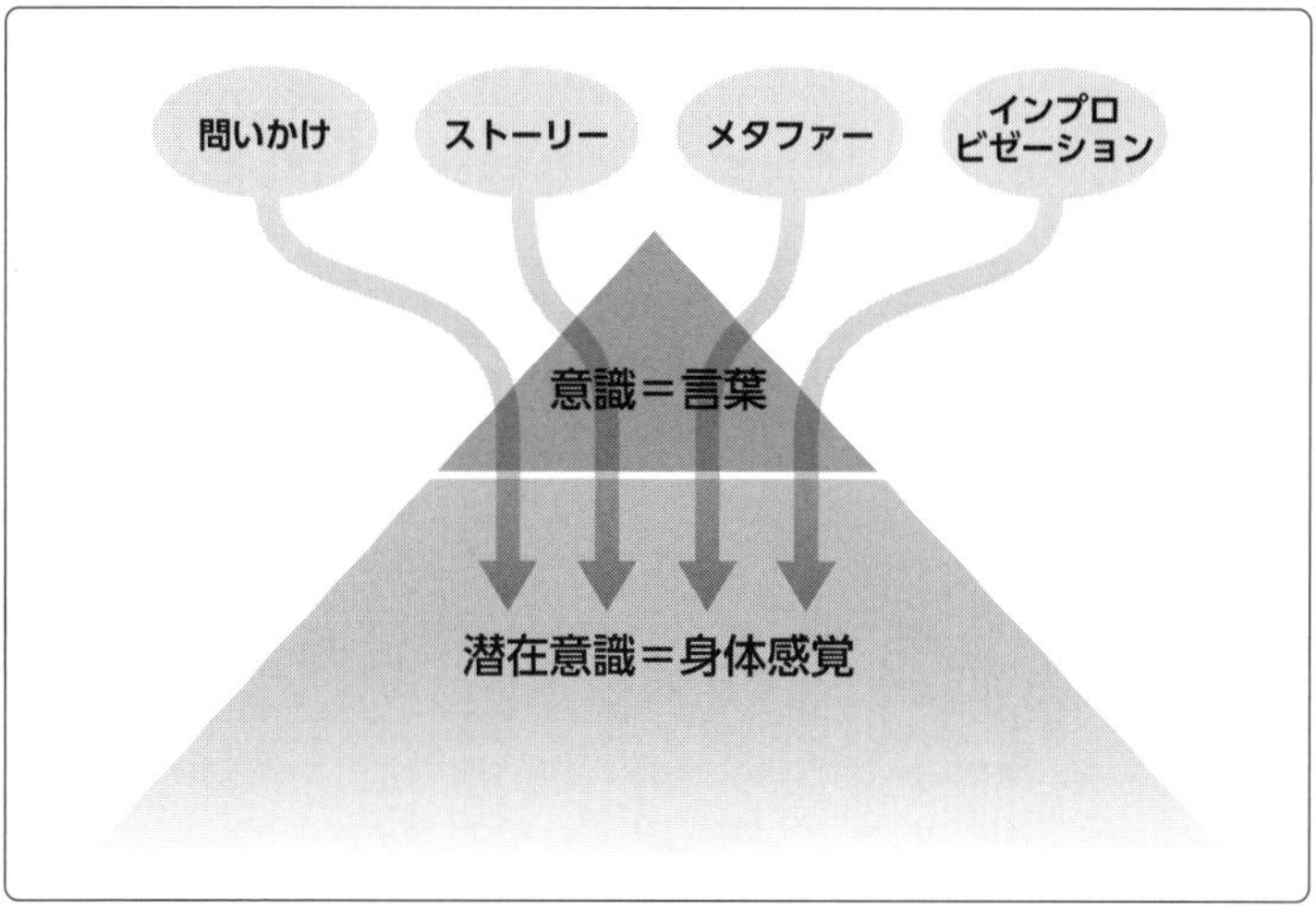

人に肯定形や否定形で話しかけても、意識までしか入らず、潜在意識に届きません。例えば、「忙しくて大変でしょう」と言われれば、「そうですね」で終わってしまいますが、「どうして忙しいのですか」と問われれば、考えて答えを探します。そのため、問いかけが潜在意識への働きかけに有効なのです。

ストーリーも、脳の特質である視覚処理の力を利用した手法です。脳は文字処理より視覚処理に優れ、情報をイメージとして伝えると潜在意識に残ります。記憶術の達人が覚えるべきことをストーリーにして暗記することと同じです。

メタファーは、暗喩、隠喩のことで、比

喩の一種ですが、「～のような」と直接たとえて言わず、イメージを呼び起こす言葉で置き換える手法です。つまり、ある事柄を別のわかりやすい事柄で表現することであり、古くから小説家や詩人が、人生、愛、欲望などの抽象的な事柄を旅などの身近な事柄に置き換えて表現してきました。

メタファーは、通常の言葉だけでは表現しきれない重要な思考を掘り起こす手法として、臨床心理学や精神医学などでも患者の潜在意識にある感情を意識レベルに表出させるために使われています。

前章で述べた「ミッションとは灯台の明かり」「感謝とはフラッシュライト」もメタファーですし、後ほど「あしたの履歴書」30年計画編で出てきますが、「山のワーク」というプログラムもメタファーの応用です。

「あなたの目標は何ですか」と聞かれても急には答えられないでしょうが、「あなたの進路にはいくつかの山があります。それぞれ何の山ですか」と聞かれると、何らかのイメージが思い浮かんでくるものなのです。それは、潜在意識により訴求するからです。

インプロビゼーションは、前章でも述べましたが、「即興」の意味で身体表現を行ないながら、クリエイティブな問題解決能力を養成するアクティブ・ラーニングの最先端の手法です。インプロビゼーションを使って、潜在意識下のミッションやビジョンを引き出すことができます。

このような理論や手法が「あしたの履歴書」の裏づけになっていることをおわかりいただけたでしょうか。

3人の受講生

さて、いよいよ次章から「あしたの履歴書」の実践が始まりますが、この実践講座に登場していただく3人の受講者を紹介しましょう。

それぞれキャリアや現在の環境、キャリアプランの哲学、考え方、目標が違う3人の事例のうち、あなたに近いものはどれでしょうか。参考にしていただきながら、ご自身の「あしたの履歴書」をつくってみてください。

ひとり目は土井哲人さん（仮名）、35歳です。大学を中退後、仕事の目標が定まらず、結局、居酒屋で3年間フリーターとして働き、その後、働きぶりが認められて、現在は店長になっています。大学を中退してから、さらに3年間のフリーター生活をしている間は、本当に失意のどん底、長く苦しいスランプの状況だったそうです。「社員になって店長に昇格し、ようやくモチベーションが高まってきていた」と回想しています。「でも店長になってからは、その後の展望もなく、ずっと居酒屋勤めもどうかなと思っていました。どうやって、この環境を変えればいいのかわからずにいました」と、土井さんは言います。

その中で、「あしたの履歴書」講座を受講し、3年後から10年後、30年後まで目標を設定し、川下りから山登りに転じました。

3年後の目標：店舗から本社に異動し、バイヤー（仕入れ担当）になる
10年後の目標：農業生産法人を設立、農協を通さずに、農作物の産地直送を実現
30年後の目標：東南アジアで農業生産しながら、日系の和食レストランチェーンなどに
　食材を提供する。薄利ではあるが東南アジアの農業振興に貢献したい

図7

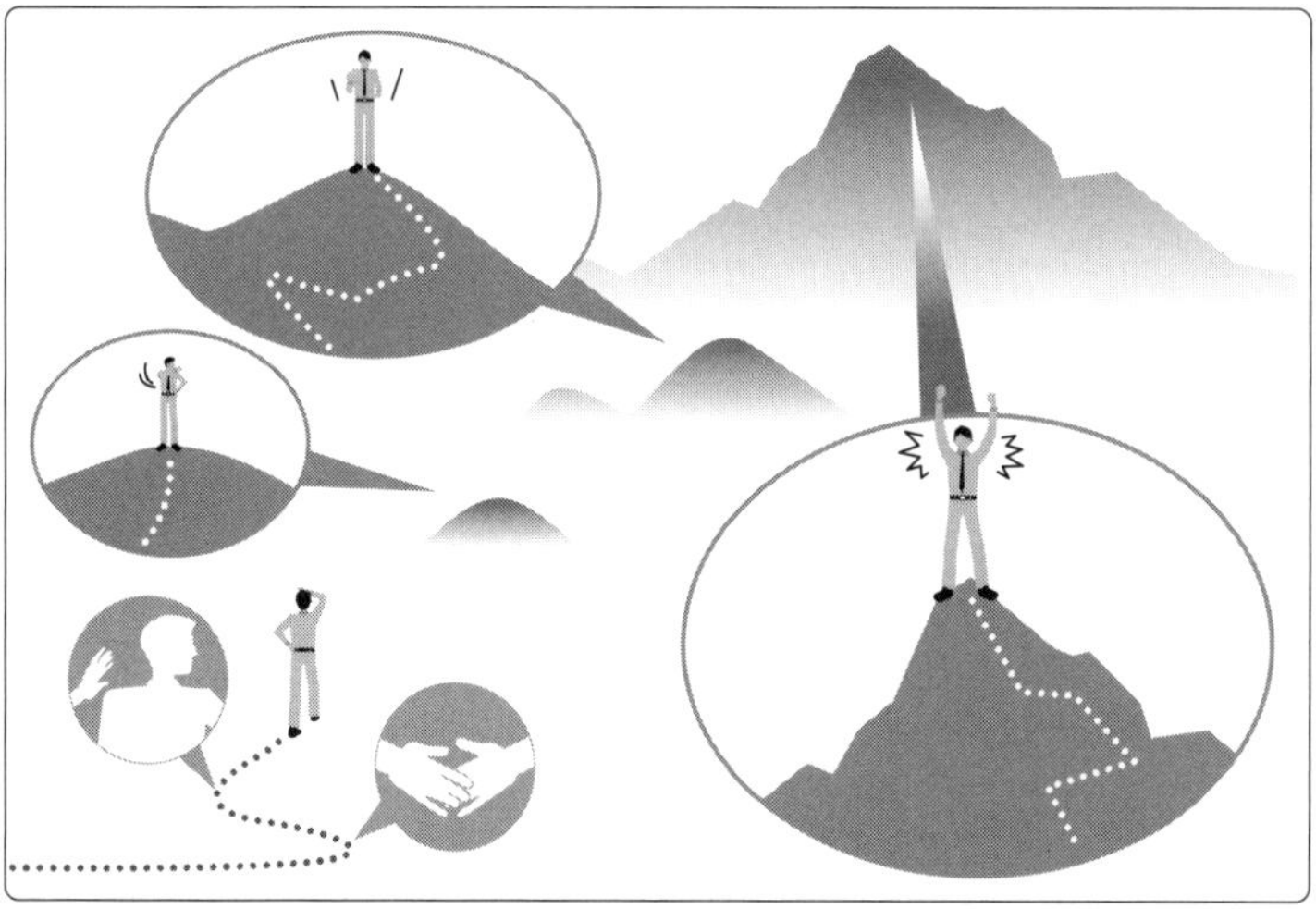

　あとの章でも詳しくお話ししますが、土井さんは、自分がこれまで変えられないことを変えようとしていたことが、自分の失意や無力感につながっていたことをプログラムの中で気づいたそうです。土井さんにとっては、この気づきが「これまでの人生で最大の発見だった」そうです。自分の資質は強みとして受け入れ、スキルや技能を伸ばしていく。変えられることと、変えられないことの違いを学んだことが、土井さんの転機になったのです。

　土井さんがプログラム中に吐露してくれた感想は、自己肯定感をもてた人特有のものでした。

「自分は最近ひとりで思い悩む一方で、自分の心の中には自分を責める何人もの自分がいました。『どうして、哲人はできないんだ』、『どうして、哲人はいつもそうなんだ』、『哲人はもっとはっきりしろよ』と複数の自分からいつも責められていました」

「そんな状況だったのが、現在の仕事の意義を整理し、将来の目標を立てていくことで、自分の過去のことも少しはいまの仕事や将来やりたいことに役立っているんだということに気がついたとき、自分の中にたくさんいた自分を責める自分が不思議といなくなったんです」

「働くことの意味がよくわからなくて、自分でも厳しい状況になることはわかっていてもフリーター生活をしていたんです。でも、ようやくいま本当に自分が働く意味が見出せたような気がしています」


ふたり目は工藤太一さん（仮名）、26歳。私立の有名大学を卒業後、大手損保会社に就職、現在は横浜の営業拠点で法人営業3年目としてがんばっています。ただし本人いわく、営業成績は人並みで、可もなく不可もなし。

「それなりにがんばっているし、夢ももっているんですが、いま、けっこう忙しくて深く考える暇もなく、なんとなく3年目を迎えてしまいました。努力はと聞かれると、正直、特別なことはやっていません。でも、仕事の手を抜いているわけじゃありませんよ」と、工藤さんは半分、言い訳口調です。

なんとかもっと成長したいと「あしたの履歴書」講座を受講し、次のような大胆な目標を立てました。

3年後の目標：支店勤めから自己申告で本社に移り、花形の運用セクションで実績を上げる

10年後の目標：最年少で人事課長になる（同社では人事課長が出世コース）

30年後の目標：最年少で社長になる

「自分がこんなに大きな目標を掲げることになるとは思いませんでした。でも、大きな目標を掲げたあと、これまでどうして自分が大きな目標をもつことができなかったのか、自分の中で何が障害になっていたのかがわかりました」

工藤さんは、実際のプログラムを受講したメンバーの中でも、プログラム期間中に最も

大きな自己成長を果たしたひとりでした。工藤さんがこのような大胆な目標を設定してから、さまざまなワークを通じてどのように自己変容を実現していったのか。何が自己変容のきっかけになったのか。自分の何に気がつき、何を再発見していったのか。大いに注目してみてください。

3人目は福井裕二さん（仮名）、32歳。すでにディープチェンジして、最初に勤めた大手企業を退職、現在は人材サービスベンチャーの部長職にあります。山登りの最中ではありますが、まだ頂上と、そのプロセスがよく見えていませんでした。

「いつかは自分で起業したい、と思い切って会社を辞めて、ベンチャー企業に転職しました。部長にはなったのですが、まだこの会社もどうなるかわからず、もう1回転職するか、あるいは起業するか迷っています」と、悩んでいた福井さんですが、「あしたの履歴書」講座を受ける中で、目標が明確になったようです。

3年後の目標：勤務中のベンチャー企業をもっと成長させ、取締役になる
10年後の目標：独立起業し、ブライダル系の会社を設立して軌道に乗せる

30年後の目標：上場後さらに会社を成長させ、業界のリーダーになる

福井さんは、最初の大手企業、現在のベンチャー企業ともに、勤務してきた会社はいずれも人材サービス業だったとのこと。その中でも、福井さんは2社を通じてブライダル業界を継続して担当し、少子高齢化という社会問題に自らの仕事を通じて取り組んでいきたいという目的意識をもってきたそうです。「結婚式は挙げたいが、費用がかかるのでしない」という「ナシ婚」（結婚式をしない結婚）が増加していることを危惧し、「手軽に低価格で結婚式を挙げられる」という「スマ婚」（スマートな結婚式）にずっと注目してきました。福井さんは、まずは現在勤務している会社で、2社を通じて培ってきたブライダル業界全般への幅広い人脈を活かして新規事業を立ち上げたいと決意しました。

この3人が、これらの目標を設定したあとで、どのように新たな気持ちで「山登り」に取り組んでいったのか、次章以降、詳しく見ていきましょう。

セルフリーダーシップはリーダーシップの基本

ここで、先ほど述べたように「あしたの履歴書」の理論的裏づけの3本柱の1本であり、「あしたの履歴書」を実践し、目標を達成するうえで、重要なセルフリーダーシップについて詳しく解説しましょう。

米国のリーダーシップ論を学ぶと、リーダーシップとは、セルフリーダーシップ、チームリーダーシップ、ソーシャルリーダーシップ、グローバルリーダーシップという4段階があると解説されています。

グローバルリーダーシップとは、ビジネスや経済社会のグローバル化に伴い、これまでとは違う、より広い視野に立ったリーダーシップが必要であるとして、近年にわかに注目されているリーダーシップの概念です。

そのグローバルリーダーシップが確立するためには、社会や地域のリーダーシップであ

図8

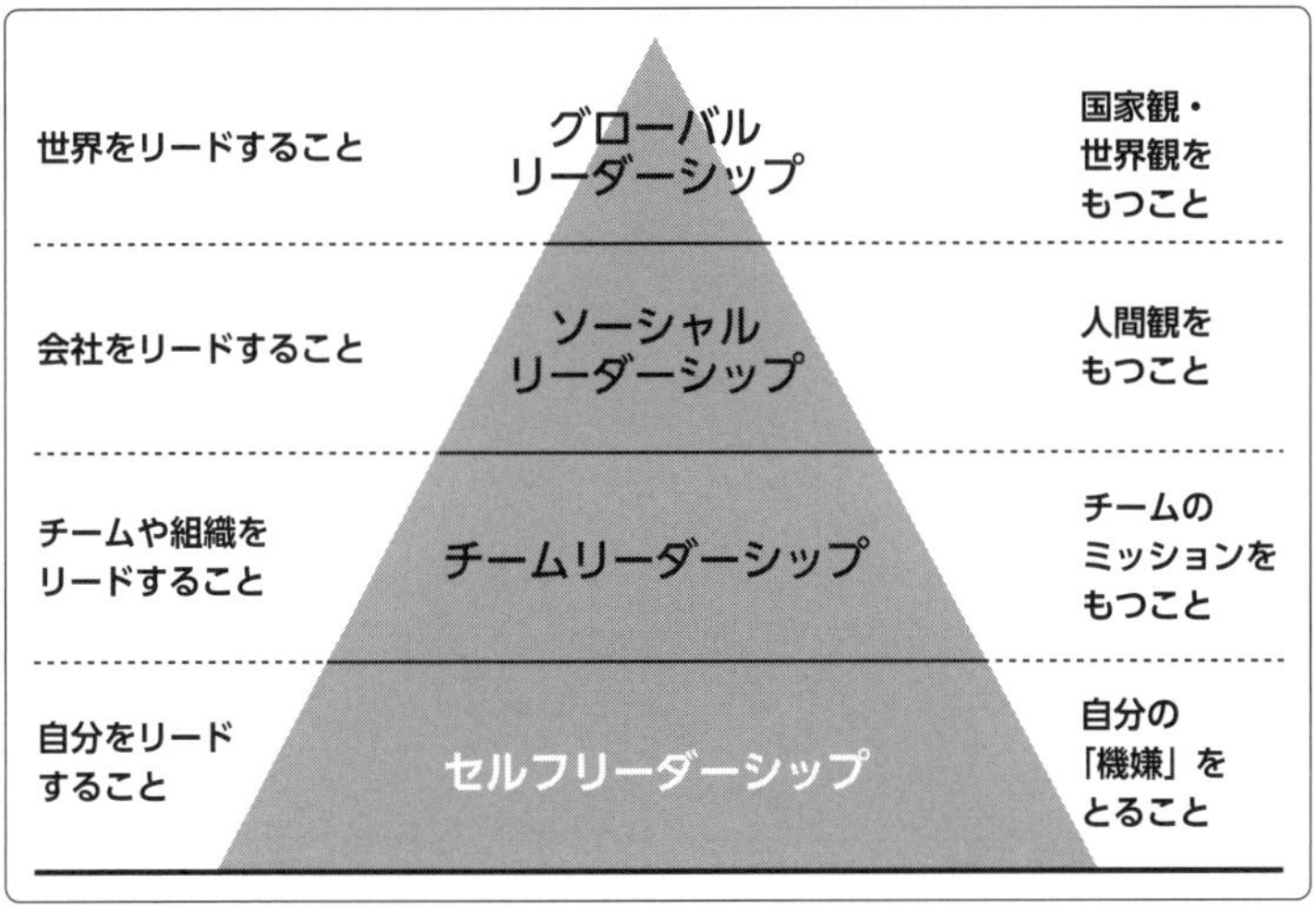

るソーシャルリーダーシップが確立されていなければならず、そのためには企業や組織のリーダーシップであるチームリーダーシップが、そして、それが確立されるためにはセルフリーダーシップが確立されていなければならないというのが、最新のリーダーシップ論の概略です。

ですから、リーダーシップを語るには、まずセルフリーダーシップから語らなければなりません。

セルフリーダーシップとは、自分自身をリードする方法です。簡単に言うと、自分の機嫌をとる方法と言ったら近いでしょうか。自分をその気にさせ奮い立たせて、ある目標に近づけていく、導いていくというのがセルフリーダーシップです。

筆者は、米国に留学し、MBAを取った際、リーダーシップ論を学びました。必修科目のひとつとして1年間にわたって学ぶリーダーシップ論の中では、最終的にはグローバルリーダーシップもテーマになるものの、全体のほとんど8割方がセルフリーダーシップについて費やされたことに驚きました。つまりそれだけ、セルフリーダーシップがリーダーシップ全体の中でも重要かつ難しいパーツであるということなのです。

自分をリードするためには、何が必要だと思いますか?

結論から言えば、ミッションに他なりません。人の思考や行動の枠組みの最上位概念として存在意義や存在理由、使命を明らかにすること、すなわちそれがミッションです。ミッションが明確であれば、自ずとビジョンが決まり、ビジョンが決まれば日々の行動も決まってきます。これはまさに自分をリードする、セルフリーダーシップそのものだとわかるでしょう。

つまり、リーダーシップの大本、根源をたどるとミッションにたどり着くのです。ミッションをもっていない人は、セルフリーダーシップを確立することは難しい。セルフリーダーシップを確立できなければ、結局その上のあらゆるリーダーシップを確立することも不可能なのです。

リーダーシップは「I am OK」から始まる

リーダーが下の者たちに対して信頼と愛情を注ぐことが肝要であることは理解できても、実際にそれができるかどうかは、また違う問題です。

心理学的に言うと、人を愛せる人とは、まず自分自身を愛することができている人です。自己肯定感という言葉でも表現されますが、他人を受け入れ、認めるためには、まず自分自身を受け入れ、認めることができていなければなりません。自己肯定、すなわち「I am OK」と言える人こそが「You are OK」と相手を肯定し認めることができるのです。

逆に、自分を認められない「I am not OK」の人は、「You are not OK」で他者を認めることも難しくなります。自分を愛せない人、許せない人、嫌いな人は、その気持ちを相手に「投影」しがちです。それゆえ相手もあなたを受け入れ、認め、愛することが難しくなってしまう。

心理学の理論で「交流分析」というものがあります。本来は親子のコミュニケーションからの成長と変化に関する理論ですが、もっと広い意味で人間関係の分析・評価にも使われます。

ここで言われるのが、「人生の基本的立場」というものです。これは、次の4つの立場に分類できます。

「I am OK, You are OK」→互いを認める立場
「I am OK, You are not OK」→相手だけがダメ。人のせいにする立場
「I am not OK, You are OK」→自分だけがダメだと考える立場。劣等感
「I am not OK, You are not OK」→すべてがダメという状態

最も生産的な関係は言うまでもなく、「I am OK, You are OK」の関係です。できるだ

け、この生産的な関係になるように、リーダー、トップは特に意識することが必要でしょう。組織が効率よく回っていくためには、個人の力だけではなくチームの力が必要になります。仲間とうまく協働してくためには、「I am OK, You are OK」の互いを認める立場がベストであるということは言うまでもありません。個人においても同じことが言えます。何事かを成し遂げる時には周囲の人たちの協力は必須ですから、互いの立場を認めることが大切でしょう。

「I am OK」が相手を受け入れる基本だと言いましたが、実はこの「I am OK」が言えるためには、その前に何らかの形で「You are OK」というメッセージを他者から受け取っておくことが前提になります。まさに、これも連鎖なのです。

多くのリーダー、トップに会って感じるのは、確かに彼らの多くは自己肯定感が強いことです。明るく前向きで、さまざまな困難や問題も、どこかで「きっとうまくいく」「自分なら乗り越えられる」という自信が根底にあります。自分で自分の力を信じている、信頼しているのです。彼らの多くは大らかであり、他者を受け入れる。厳しさはあっても、同じくらいの愛情を感じるので、フォロワーは彼に安心してついていきます。

彼らに共通しているのは自己肯定感と同時に、愛されていた（愛されている）という経験と実感があること、すなわち「You are OK」というメッセージをこれまでにたくさん受けているということです。主にそれは幼少期から思春期にかけて、親や家族からのメッセージが中心です。

人は愛されたという実感があるからこそ、自分を愛せる。自分を愛せるからこそ、人を愛することができる。あなたは、はたしてどうでしょうか？　ご自身を振り返って、これまで「愛された」という実感はどれだけあるでしょうか？

もし、同僚や上司を信頼することができず、愛の関係を築くことができないのであれば、まず自分自身を受け入れているかどうか、さらに過去に愛された記憶があるかを探ってみてください。心理学的には事実を客観的に認識するだけでも、気づきにつながり、それが現状を変える力になると言います。

管理職になるほど、他者から肯定される機会は減る

実は、人は成長して大人になっていくにしたがって、他者から「You are OK」というメッセージを受ける頻度は減っていきます。私たちが相手の年齢によってどういう対応をするかを思い起こせばわかると思います。

例えば、乳児やヨチヨチ歩きの幼児に対しては、無条件で可愛がるでしょう。彼らはまだ100％の保護が必要ですから、親やまわりの人間はひたすら彼らに愛情や保護を与え続けます。子どもも次第に大きくなってくると、今度は可愛いだけではなく、時には叱りながらも教育し、成長し自立できるように促します。

高校生や大学生になり、成人に近づくにしたがって「You are OK」は、子どもの頃に比べて少なくなっていくでしょう。やがて成人して社会に出れば「You are OK」と言われる機会はずっと減り、むしろ先輩や上司から「You are not OK」と言われることも多くなるに違いありません。

このように、年齢とともに「You are OK」の他者からのメッセージは減っていきます。特に管理職になると「You are OK」と言われる機会はなかなかないでしょう。もちろん、トップに立てば、下からの追従やおべっかなどは増えてくるかもしれません。しかし、ここで言うところの「You are OK」とは、そのような表面的なものではなく、もっと本質的で人間的な肯定です。それは自分と同じ目線か、自分より上の立場から温かく包み込み、認めてくれる場合が多い。ですから経営トップになると、本当の意味での「You are OK」は得ることが難しいメッセージになるのです。

他者に愛情を注げる多くのリーダーは、やはり幼少期や子どもの頃に両親や兄弟など近親者からの愛情をたくさん受けた人が多いのです。しかし、そうだとすると、愛情を受けた記憶が少なく、愛情に飢えている人物はリーダーとして部下や社員を愛することができないのでしょうか。

自分で自分に「OK」を出すのがセルフリーダーシップ

実は、ここでセルフリーダーシップという考えが、この問題に答えてくれます。

先ほど述べたリーダーシップの4段階について改めて説明しましょう。

まず、チームリーダーシップから説明しましょう。チームリーダーシップとはチームや組織をリードするリーダーシップで、会社の中の組織や会社そのものを引っ張っていくリーダーシップです。経営者や役員、あるいは管理職もこれに該当します。この段階のリーダーシップに必要なのは、チームや組織のミッションを確立し、それを浸透させることです。

その上にあるのが、ソーシャルリーダーシップ。社会全体をリードするリーダーシップで、市町村や県など行政に携わる人や政治家などがそれにあたります。彼らに必要なのは人間観だったり、社会観といった哲学やビジョンです。

その上のいちばん大きな範囲のリーダーシップは、グローバルリーダーシップです。これはまさに世界をリードするリーダーシップであり、時には政治家より芸術家や宗教家、思想家がこの段階のリーダーになることが多いと言えます。国家という枠組みを超えて、超国家的な世界観や哲学、歴史観をもっていることが必要になります。

これらの最底辺に位置するのが、セルフリーダーシップです。これは自分自身をリードすること、自分の「機嫌」をとり、自分をその気にさせるリーダーシップです。

『1分間セルフリーダーシップ』(ダイヤモンド社)の著者であるMITビジネススクー

ル教授のケン・ブランチャード氏によれば、セルフリーダーシップとは自分に対して自分からリーダーシップを発揮することで、目標達成を図る力だと言います。要は自分で自分をマネジメントする態度のこと。優秀なリーダーほど、このセルフリーダーシップが強い人が多いのです。

幼少期に愛情を受けた記憶が少ない人、それゆえ自分を認めてやることができず他者も受け入れ愛することが難しいという人は、自分自身で自分を認めてやることが必要です。自分に対して自分から「You are OK」と言ってやること。それによって「I am OK」という気持ちを体験し、そこから他者を受け入れ、認め、愛するという流れに乗ることができるのです。

そして、実は自分自身をきちんと愛する実感をもつには、自分自身の真の使命に気がつくことが必要とされているのです。自分自身の真の使命に気づくことで、人は本当に心から自分自身の運命に感謝できるのです。つまりは、ミッションこそが、セルフリーダーシップにおいても中核だということです。

セルフリーダーシップは、すべての人にも必要で有効なリーダーシップです。一人ひとりが自分で自分を認めること。そこから他者を認めることで「I am OK, You are OK」という、生産的な関係、幸せの関係を築くことができるのです。

もし、あなたが管理職ならば、部下たちが自然に「I am OK, You are OK」と言えるような環境を整えることが必要となるでしょう。

第4章

「きのうの履歴書」

過去を振り返り、「エンゲージメント・グラフ」をつくる

まずは、あなたの過去の振り返りから始めましょう。前述しましたが、人生はそれこそ山あり谷ありで、いろいろな出来事が起こります。成功や失敗などひっくるめて、あなたの人生をそのまま肯定的に受け入れ、「I am OK」と言えることが重要です。どのような失敗や挫折も、あとで振り返ってそれらの意義を考えることで、必ず大きな学びとなります。失敗も成功も必ずそこには支えてくれた人たちがいるはずです。そのことを再発見し、感謝することも重要な振り返りです。

人生を長い期間で鳥瞰図的に眺められるようになったら、未来や現在を自分の目指している方向のために、自律的に過ごしているという感覚が得られるようになります。「きのうの履歴書」では、「エンゲージメント・グラフ」にあなたの山や谷を書き入れます。何歳頃にどんな出来事があり、その時のエンゲージメントはどのくらい高かったか、

図9 エンゲージメント・グラフ

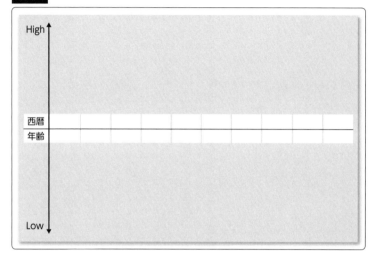

あるいは低かったかをつなげて折れ線グラフをつくります。

何歳から振り返るかは、あなたの自由です。生まれた時からでもいいし、高校生から、あるいは就職後でもかまいません。企業研修の場合には社会人になってから、個人向けプログラムの場合には生まれた時から振り返ってもらうことが多いです。

そして、自分でつくったエンゲージメント・グラフを見ながら、自身に問いかけてください。問いかけが、あなたの潜在意識に働きかけることはすでにお話ししました。

問1：ボトムからのリカバリーのきっか

けは何でしたか？

問2：ボトムからのリカバリーの過程で支えてくれた人はいませんでしたか？

問3：ボトムからのリカバリー体験を振り返って感謝したい人は誰ですか？

もうひとつの問いかけは、エンゲージメントのピークに関するものです。

問1：ピークや成功体験をつくることができた成功要因は何でしたか？

問2：ピークや成功体験をつくる過程で支えてくれた人はいませんでしたか？

問3：ピークや成功体験を振り返って感謝したい人は誰ですか？

こうした問いかけが、振り返りが単なる出来事の列記にとどまらず、あなた自身の記憶を呼び起こし、新たな気づきを引き起こします。そして、自分では忘れかけていた思わぬ人に感謝の気持ちをもつかもしれません。例えば、その時に憎らしいと思った相手が、自分のことを思って言ってくれたのかもしれないと気づくのです。

ここでは、前章で紹介した工藤さんのエンゲージメント・グラフを見てみましょう。工藤さんは現在、大手損保会社に勤務しています。

工藤さんの振り返りは、高校1年から始まります。高校入学時はそれなりに高いテンションで、高校3年時には学園祭で大活躍しました。すでに大学受験が迫っている中、同級生たちは学園祭などやっている暇はないという状況でしたが、工藤さんはクラス対抗の演劇大会で手を挙げて演出家になり、親友の寺島さん（仮名）が脚本を引き受けてくれました。

最初はふたりだけで始めましたが、それを見ていたクラスの友だちが少しずつ協力してくれるようになり、最終的に5クラスの中で優勝しました。真剣に取り組めば、周囲もついてきてくれることがうれしく、エンゲージメントがぐっと高まりました。

しかし、学園祭に力を入れすぎたためか、狙っていた有名国立大学に不合格となり、どん底の気分に落ち込みます。浪人を決め、必死に受験勉強に取り組んで、翌年は有名私立大学に合格できました。エンゲージメントも最高に高まります。

人の前で話せる力を身につけたいと思い、弁論部に入部するものの、同期の友人たちの力量に驚き、ガクッと落ち込みました。しかし、その後、友人たちと競い合ってがんばり、大学3年生の時には弁論大会で優勝し、大きな自信になりました。

大学卒業後、希望どおり大手損保会社に就職でき、エンゲージメントが上がり、1~2年目まではやる気も高かったのですが、なかなか思うように営業成績が伸びず、現在はエンゲージメントが落ち込んで、川下り中です。

工藤さんのエンゲージメント・グラフを見ると、失敗や劣等感を抱いた時にエンゲージメントが下がるものの、それが飛躍のきっかけになっていることがよくわかります。きっかけさえあれば、力を発揮する人なのです。

ところが、最近は特に大きな失敗もなく、なんとなくダラダラ来てしまったことが、飛躍のきっかけをつかめなかった理由と思われます。

工藤さんがエンゲージメント・グラフから再発見したことは、まさに前記の事柄でした。「自分には大きな失敗や劣等感をバネにしてがんばるというパターンのようなものがあるようです。でも、大変だった時に必ず自分のことを見守ってくれていた人がいたことにこのワークを通じて気がつきました。これからは、大切な人への感謝の気持ちをバネにがんばっていける自分に変化させたいと思います」。工藤さんは「感謝のフラッシュライト」をイメージの中で感謝したい人に当てて、幸福感を再現することができました。

居酒屋で店長をしている土井さんのケースも少し触れておきたいと思います。土井さんは、「エンゲージメント・グラフ」によって過去の振り返りをしたことが大きな転機になったと語っています。土井さんは、自分がこれまで変えられないことを変えようとしていたことが、自分の失意や無力感につながっていたことを、このワークの中で気づいたそうです。さらには、自分の失敗や不調、失意といったものが、自分の実力だと認めることができたそうです。そして、そのように自分を認めることができた瞬間に、本当に何かを成し遂げたいという強烈な意欲が湧いてきたと話してくれました。自己肯定とは、実は自分の強みや長所、好調さといったポジティブなことだけを肯定することではないのです。土井さんのように自分の失敗や不調もそのまま受け入れることができるようになると、自然に焦りや失意を取り払うことができるようになるのです。「人生には、上り調子の時も下り調子の時もある」ことをエンゲージメント・グラフで確認したことで、土井さんは本当の意味での変化のスイッチが入ったのです。

「ヒーローズ・ジャーニー」に共通のストーリー展開

「きのうの履歴書」の第2ステップは、「ヒーローズ・ジャーニー」マップの作成です。自分自身では何気ない過去の思い出話が、実は「英雄の旅」に重なり、逆に意図して重ねることで、いろいろな気づきを得ることができます。

前章で簡単に述べましたが、ヒーローズ・ジャーニーは、世界中の神話や民話などの研究から導き出された英雄物語に共通したパターンを普遍化したものです。アメリカの神話学者であるジョーゼフ・キャンベル氏は、その成果を『千の顔をもつ英雄』（早川書房）という著作にまとめました。内容をかいつまんで理解したい方は池田貴将《たかまさ》氏の著書『未来記憶』（サンマーク出版）を読むことをお勧めします。本書でも参考にさせていただきました。

洋の東西を問わず、英雄物語には一定の物語展開があり、主人公は試練をいくつも乗り越えて、成長していきます。その理論は小説や映画にも応用されており、ジョージ・ルーカス監督が映画『スター・ウォーズ』に取り入れたことは有名です。『ハリー・ポッター』も、まさにヒーローズ・ジャーニーです。

その展開について、まとめました。

1：天命……使命が降りてくる、見つかる
2：旅の始まり……使命を果たす旅に出る
3：境界線……障害や困難にぶちあたる
4：メンター……障害や困難の解決を導く師匠、メンターに出会う
5：デーモン……成功の兆しが見えてくるが失敗し、再び障害や困難に陥る
6：変容……失敗や障害、困難を通じて自己成長する
7：課題完了……障害・困難を乗り越えて使命を果たす
8：故郷へ帰る……成長し、英雄となる。また、新たな使命を見つけ旅に出る準備をする

図 10

1. Calling（天命）：あなたにとってのその時の使命
「＿＿＿＿＿＿＿＿＿＿＿＿＿＿＿＿＿＿＿＿＿＿＿＿＿＿＿＿＿＿」
使命が降りてくる、見つかる
2. Commitment（旅の始まり）：あなたにとってのその時のきっかけや始まり
「＿＿＿＿＿＿＿＿＿＿＿＿＿＿＿＿＿＿＿＿＿＿＿＿＿＿＿＿＿＿」
使命を果たす旅に出る
3. Threshold（境界線）：あなたにとってのその時の障害や困難
「＿＿＿＿＿＿＿＿＿＿＿＿＿＿＿＿＿＿＿＿＿＿＿＿＿＿＿＿＿＿」
障害や困難にぶちあたる
4. Guardians（メンター）：あなたにとってのその時の出会いや影響を受けた人・出来事・本など
「＿＿＿＿＿＿＿＿＿＿＿＿＿＿＿＿＿＿＿＿＿＿＿＿＿＿＿＿＿＿」
障害・困難の解決を導く師匠、メンターに出会う
5. Demon（悪魔）：あなたにとってのその時の障害や困難
「＿＿＿＿＿＿＿＿＿＿＿＿＿＿＿＿＿＿＿＿＿＿＿＿＿＿＿＿＿＿」
成功の兆しが見えてきたところで失敗し、再び障害や困難に陥る
6. Transformation（変容）：あなたにとってのその時の突破口や乗り越えられた真の要因
「＿＿＿＿＿＿＿＿＿＿＿＿＿＿＿＿＿＿＿＿＿＿＿＿＿＿＿＿＿＿」
失敗や障害、困難を通じ自己成長する
7. Complete the task（課題完了）：あなたがその時に達成できた課題
「＿＿＿＿＿＿＿＿＿＿＿＿＿＿＿＿＿＿＿＿＿＿＿＿＿＿＿＿＿＿」
障害・困難を乗り越え使命を果たす
8. Return home（故郷へ帰る）：あなたがその課題から得たものやその時の気持ち
「＿＿＿＿＿＿＿＿＿＿＿＿＿＿＿＿＿＿＿＿＿＿＿＿＿＿＿＿＿＿」

成長し、英雄となる。また新たな使命を見つけ旅に出る準備をする

意義

このストーリー展開の最大のポイントは、どこかで「メンター」に出会うこと。そして、「武器」を与えられて、相手を打ち負かせるようになるが、そのうち傲慢になり、それまでとはケタ違いの強い「デーモン（悪魔）」が出てきて、打ち負かされてしまう。そこで、考えを改めて自己成長し、ついに「デーモン」を滅ぼすという流れです。

このストーリーは普通の人の人生にも当てはまります。ヒーローズ・ジャーニーを「きのうの履歴書」で振り返るとこうなります。

1：天命……あなたにとって、その時の使命は何ですか？
2：旅の始まり……その時のきっかけや始まりは何ですか？
3：境界線……その時の障害や困難は何ですか？
4：メンター……その時の出会いや影響を受けた人、出来事、本などはありますか？
5：デーモン……その時の最大の障害や困難は何ですか？
6：変容……その時の突破口や乗り越えられた真の要因は何ですか？
7：課題完了……その時に達成できた課題は何ですか？
8：故郷へ帰る……その課題から得たものや、その時の気持ちはどうでしたか？

デーモンは「批判・叱責された」「だまされた」という人間関係だけでなく、失業や倒産といった出来事もあります。どんなに困難なこともデーモンというメタファーを使ってネガティブなイメージを緩和し、心理的に立ち向かいやすくする効果があります。

このストーリー展開に従って、ぜひあなたの過去のヒーローズ・ジャーニーをつくってみてください。

工藤さんも、あこがれの損保会社に入ることがその時の使命（天命）だと思っていました。しかし、使命とはミッションであり、就職することがミッションにはならないのです。有名大学から入社して、工藤さんも少しいい気になっていました。上司の期待も高いし、よい先輩もいて、メンターとして親切に教えてくれました。

しかし、それからが問題です。このままなら出世街道だなと傲慢な心が生まれ、なかなか営業成績を上げられなくなります。得意先の信頼を裏切り、契約打ち切りにもされました。やさしかった上司が急に厳しくなって、つらく当たるようになった。まさに周囲は「デーモン」だらけです。

武器をもたない時の強さが本当の強さ

そんな「デーモン」を打ち破る唯一の秘訣が「『武器』の強さがあなたの強さなのではなく、何ももたない時のあなたの強さが本当のあなたの強さなのだ」ということに気づくことなのです。

多くの人は、自分の学歴や肩書き、あるいは知識、スキル、資格などが「武器」だと思っていることでしょう。

しかし、世の中にはこんな人もいます。旅先で何気なく知り合って、他愛もない会話を交わすうちに、その人の魅力が伝わってくる。肩書きどころか名前さえ知らないし、仕事の話はもちろん、自身のことさえ聞いていないのに、すてきな人だなと感じる。これは潜在意識からの反応で、いわゆる直感です。そういう人こそ、本当の強さをもっていると言えるのではないでしょうか。

自分の肩書きや資格で、相手が敬意をもってくれているなどと傲慢に考えていると、それはただの意識上の考えで、潜在意識下ではどう思われているかわかりません。

あなたのヒーローズ・ジャーニーをつくったら、以下のような問いかけをしてください。

問1：あなたにとっての「武器」とは何でしょうか？

問2：あなたにとっての「何ももたない時の自分の強さ」とは何でしょうか？

問3：「何ももたない時の自分の強さ」を使って、まわりの人に貢献できるとしたら、どのようなことをしていきたいと思いますか？

以上の問いかけのうえ、さらに、以下の問いかけをしてください。

問1：以上の振り返りを踏まえて、あなたの現在のチャレンジに立ち向かっていくとしたら、どのように立ち向かっていきたいと思いますか？

問2：あなたは、実際には「武器」をもっています。そして、それを使うことができます。以上の振り返りを踏まえて、あなたはこれから自分の「武器」をどのように使っ

ていきたいと思いますか？

工藤さんは、自分の「武器」が学歴やこれまで獲得してきた損害保険の知識だと思っていましたが、それよりも自分の強さは誠実さや周囲の人たちからの信用なのではないかと気づきました。顧客にも上司に対しても、ちょっといい加減な対応をしていたのではないか。もう一度、原点に立ち返って、誠実で真剣な関係を築き直して、業務知識を本当の意味で活かしたいと思うようになりました。工藤さんの最大の気づきは、自分がそれまで「武器」だと思ってきた学歴や3年間かけて習得してきた業務知識は、むしろ自分の驕りにつながっていたのではないかということでした。その気づきから、それからは誠実さや信用を本当の「武器」にできるくらいに高めていきたいと決意したのです。

「デーモン」との出会いは、決して不幸なことではなく、主人公を成長させるきっかけになります。あなたにも「デーモン」が現れる中で、改めて自分のミッションやビジョン、夢に対する思いの深さや、あなたを支えてくれた人々への感謝を再認識できる機会でもあります。

自分では気づかないうちに傲慢になっていたり、上司や先輩へも知らぬ間に不愉快な思いをさせていたかもしれません。人は思いどおりにいかないと、周囲の人々や環境のせいにして、自分を守ろうとします。一度、立ち止まって自分の考え方や行動を振り返ってみることは、将来にとって必要なことでしょう。言ってみれば、「デーモン」も「メンター」のひとりなのです。

このようにエンゲージメント・グラフとヒーローズ・ジャーニーは、自分の過去を受け入れ、意義を再発見し、本当の意味で「I am OK」と自分自身を肯定することにつながります。その結果、不満や人への悪い感情が転換されて、感謝や幸せ感になり、過去の延長線上で自然にいま自分がここにいることに集中し、ワクワク感を感じるようになります。そして、それが「あしたの履歴書」への準備となるのです。

第5章

「きょうの履歴書」

「仕事の重要性再発見シート」をつくる

「あしたの履歴書」では、「あした」を見つめることで、「きょう」いま、ここにいることを大切にする重要性を何度もお伝えしてきました。ふだん行なっているルーティーンの業務こそが重要で、そこに山登りに転じるきっかけがあるのです。

例えば、「新人営業ほど、電話でアポイントを取ることや飛び込み営業に仕事の意義を見出せない」と指摘する声は少なくありません。しかし、社内のトップセールスの人たちをよく見てください。新人が嫌がるような電話のアポ取りや地味な顧客回りをしっかりとやり、その合間に飛び込み営業にも励んでいることがわかるでしょう。トップセールスの人たちはそれがどれだけ重要かわかっており、やらされているのではなく、自発的に取り組んでいるのです。

ルーティーンを重要な仕事と肯定することによって、実は自己革新のスイッチが入ることが行動科学でもわかっています。現在を否定して変わろうと思っても潜在意識が拒絶してスイッチは入りません。自己肯定すると、前に進もうとする潜在意識のスイッチが入るのです。このことは、すでに第1章でお話ししました。

以上を踏まえて、「きょうの履歴書」では、まず「仕事の重要性再発見シート」をつくりましょう。これは、自分の会社や商品・サービスが社会に提供している価値や重要性を改めて見つめ直すためのワークになります。

その質問項目は次のように9つあります。

1：あなたの会社の特徴（会社の強みや持ち味、歴史、実績など）は何ですか？
2：あなたの会社の商品・サービスの特徴（商品の強みや持ち味、歴史、実績など）は何ですか？
3：あなたの会社の顧客はどのような会社や人たちですか？
4：あなたの会社や商品・サービスがどのように顧客の役に立っていますか？
5：あなたの会社の商品・サービスを使うことで、顧客はどのようなポジティブな気持ちになりますか？

図11 仕事の重要性再発見シート

1. あなたの会社の特徴（会社の強みや持ち味、歴史、実績など）は何ですか？

2. あなたの会社の商品・サービスの特徴（商品の強みや持ち味、歴史、実績など）は何ですか？

3. あなたの会社の顧客はどのような会社や人たちですか？

4. あなたの会社や商品・サービスがどのように顧客の役に立っていますか？

5. あなたの会社の商品・サービスを使うことで、顧客はどのようなポジティブな気持ちになりますか？

6. あなたの会社の商品・サービスを使うことで、顧客はどのように安心感・自信などをもちますか？

7. このような価値を顧客に提供しているあなたの会社で働くことで、得られることは何ですか？

8. あなたはあなたの会社で働くことで、どのように自分を成長させることができると思いますか？

9. このような価値を顧客やあなたにも提供しているあなたの会社で働く意義とは何ですか？

6：あなたの会社の商品・サービスを使うことで、顧客はどのように安心感・自信などをもちますか？

7：このような価値を顧客に提供しているあなたの会社で、働くことで得られることは何ですか？

8：あなたはあなたの会社で働くことで、どのように自分を成長させることができると思いますか？

9：このような価値を顧客やあなたにも提供しているあなたの会社で働く意義とは何ですか？

この質問に対して、損害保険会社に勤めている工藤さんの回答を見てみましょう。

1：会社の特徴

歴史や伝統があること

2：商品・サービスの特徴

最もオーソドックスな商品を提供していること

3：顧客
大企業グループや優良な中堅企業

4：顧客の役に立つ
万が一の時の保障を提供している

5：ポジティブな気持ち
頼りにできるという気持ち

6：安心感・自信
安心して本業に専念していただけること

7：得られること
顧客の役に立っているという使命感

8：自分の成長
そのために自分磨きができるという喜び

9：働く意義
自分を成長させることでまわりの役に立てること

図12 仕事の重要性再発見シート（工藤さんの事例）

1. あなたの会社の特徴（会社の強みや持ち味、歴史、実績など）は何ですか？
   「歴史や伝統があること」
2. あなたの会社の商品・サービスの特徴（商品の強みや持ち味、歴史、実績など）は何ですか？
   「最もオーソドックスな商品を提供していること」
3. あなたの会社の顧客はどのような会社や人たちですか？
   「大企業グループや優良な中堅企業」
4. あなたの会社や商品・サービスがどのように顧客の役に立っていますか？
   「万が一の時の保障を提供している」
5. あなたの会社の商品・サービスを使うことで、顧客はどのようなポジティブな気持ちになりますか？
   「頼りにできるという気持ち」
6. あなたの会社の商品・サービスを使うことで、顧客はどのように安心感・自信などをもちますか？
   「安心して本業に専念していただけること」
7. このような価値を顧客に提供しているあなたの会社で働くことで、得られることは何ですか？
   「顧客の役に立っているという使命感」
8. あなたはあなたの会社で働くことで、どのように自分を成長させることができると思いますか？
   「そのために自分磨きができるという喜び」
9. このような価値を顧客やあなたにも提供しているあなたの会社で働く意義とは何ですか？
   「自分を成長させることでまわりの役に立てること」

「仕事の重要性再発見シート」によって、工藤さんは、顧客が自社の商品やサービスによって、「頼りにできる」という気持ちを抱き、「安心して本業に専念してもらう」という大きな役割と使命を担っていることを再認識しました。その結果として、自分を磨き、自分を成長させることができ、さらにまわりの役に立つという自分自身の使命にも気づくことができたのです。

こうした答えを見ると、工藤さんが会社や業務に対してもっている価値観、つまり歴史や伝統の中で商品はオーソドックスながら顧客に安心と保障を提供していることを重視していることがわかります。その再発見が大切なのです。

38の価値観から3つを選ぶ

次に「価値観シート」です。「価値観シート」は、ビジネスパーソンとして、あるいは業務の中で、自分が重要だと思う価値観を明確にするためのものです。

図13のように、38の価値観からまず6つを選び出し、さらにそこから3つに絞り込んで、

図13 価値観シート

1. 責任	2. 達成	3. 権力	4. 平衡	5. 変化	6. コミット
7. 能力	8. 勇気	9. 想像力	10. 顧客満足	11. 多様性	12. 効果的
13. 効率	14. 公正	15. 信念/宗教	16. 家庭	17. 健康	18. 楽しみ
19. 成長	20. 正直さ	21. 独立	22. 誠実/高潔	23. 知識	24. レガシー＝遺すもの
25. 忠誠	26. 金銭/財産	27. 情熱	28. 完璧	29. クオリティ	30. 表彰
31. シンプル	32. 地位	33. 形式	34. チームワーク	35. 信用	36. 緊急
37. 奉仕	38. 智恵				

1 38の価値観から→6つ選ぶ			
2 6つから→3つ選ぶ			
3 3つに順番をつける	1番	2番	3番

［出典］豊福公平著『達成する力』（きずな出版）

あなたが大切にしたい順番をつけます。

この38の価値観は、筆者の友人でもある豊福公平氏の著書『達成する力』（きずな出版）に掲載されている、リーダーシップ論で著名な米国の著作家、ジョン・C・マクスウェル氏による「38の価値観（アイデンティティ）」からの引用です。

責任、達成、権力、平衡、変化など38個の価値観から、工藤さんは以下の6つを選びました。

達成：数値目標でもクオリティに関することでも、自分のベストを尽くすということ

能力：人よりも優れた能力をもつこと、スキルを磨くことを目指す気持ち
顧客満足：ビジネスにおいて顧客、取引先から喜ばれることこそが大切だという考え方
成長：勉強や自己投資に熱心な人は、この価値観をもっている
誠実／高潔：まずは自分に対して誠実でいることに価値があると考える
信用：人から信頼されることに喜びを感じ、人の信頼を裏切らないように生きようとする

さらに、この中から3つを選んで優先順位をつけます。工藤さんの順番はこうです。

①成長
②誠実／高潔
③信用

このワークを通じて、工藤さんはこう語ります。

「38もある中から、最も大切な価値観を6つだけ選ぶのは大変でした。責任感や公正さも

重要に思ったし、知識や情熱も大事だと悩みましたが、最終的に達成、能力、顧客満足、成長、誠実／高潔、信用の6つを選びました。やはり、誠実さと信用が一番で、その結果、お客様の満足を提供したいという気持ちが強かったです。ここからさらに、3つに絞り込むのも悩みましたが、誠実と信用は当然選び、一番目をどうするか考えて成長にしました。というのも、まだまだ半人前でお客様を満足させるには自分を成長させることしかないと思ったからです。価値観を選ぶ作業を通じて、自分が本当に大切にしている価値観が何なのか、わかってきたように思います」

いまは、ちょっとやる気が減退し、顧客の信用を失いがちな工藤さんですが、本来は誠実と信用を大事にするがんばり屋だということがよくわかります。

ふだんの業務を洗い出す

自らの仕事に対する価値観や重要性の認識を明確にしたうえで、次は現在の業務の洗い出しを行ないます。実際にいま、あなたがどんなことをしているのか、「業務棚卸しシー

図14 業務棚卸しシート

No.	成果目標項目	ウェイト	詳細	尺度1	尺度2	尺度3	尺度4	尺度5	尺度6
1									
2									
5									

No.	業務内容	重要度（高 or 低）	実施しなければいけない行動・課題 ※重要度『高』のものについて
1		高・低	
2		高・低	
3		高・低	
19		高・低	
20		高・低	

ト」を作成しましょう。

現在の業務を整理するうえで、図15にある「業務の事例一覧」を参考にしてください。一覧の業務の流れを追いながら、自分の業務を明確にし、主要なものを20書き出します。

工藤さんの事例を見ると、以下のような20の業務を洗い出しました。

・電話やメールの対応
・来客対応
・社内文書の作成
・提案書の作成
・契約手続き
・書類の回収

図15 業務の事例一覧

準備

- 準備
- 開店準備
- 段取り
- 営業
- 集客
- 電話
- アポ取り
- 社内調整
- 社内会議
- 構想

リサーチ・調査

- リサーチ
- 調査
- 市場調査
- 商圏調査
- 競合調査
- 顧客調査
- 業界研究
- リストアップ
- 洗い出し
- 各種分析

企画・立案

- 企画
- 立案
- ブレインストーミング
- 会議
- ディスカッション

作成・策定

- 資料作成
- 提案書作成
- 企画作成
- 計画策定
- 戦略策定

実行・実施

- 営業訪問
- 提案
- 発表
- 接客
- 売場運営
- 契約
- 契約手続
- 伝票処理
- 社内外調整
- 稟議書回付
- 意思決定

レビュー・フォロー

- 顧客管理
- カスタマーサービス
- 進捗管理
- 財務管理
- 経理・総務
- 事務処理
- 人事管理
- 採用
- 育成
- 社内行事
- 情報システム
- リスク管理
- 報告書作成

図16　業務棚卸しシート（工藤さんの事例）

No.	業務内容	重要度（高 or 低）	実施しなければいけない行動・課題 ※重要度「高」のものについて
1	電話やメールの対応	高 ・ 低	
2	来客対応	高 ・ 低	
3	社内文書の作成	高 ・ 低	
4	提案書の作成	高 ・ 低	
5	契約手続き	高 ・ 低	
6	書類の回収	高 ・ 低	
7	保険料の決済手続き	高 ・ 低	
8	顧客情報の管理と分析	高 ・ 低	
9	顧客や代理店のフォロー	高 ・ 低	
10	計数管理	高 ・ 低	
19	経費精算	高 ・ 低	
20	新人の教育	高 ・ 低	

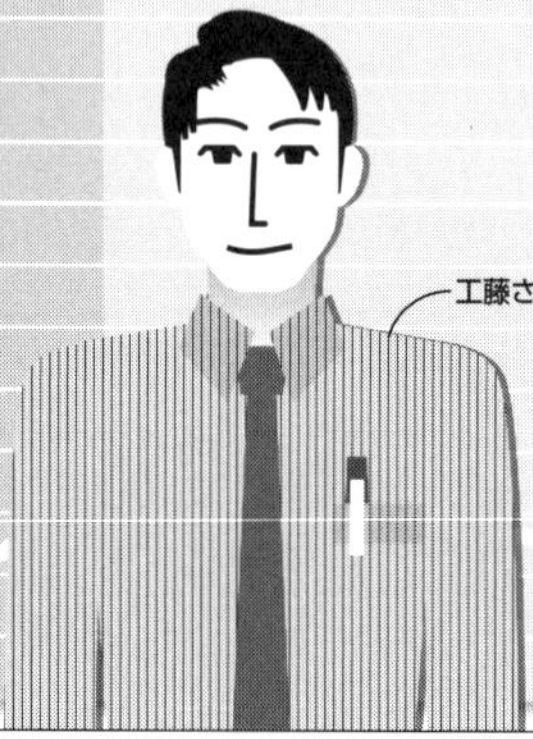

・保険料の決済手続き
・顧客情報の管理と分析
・顧客や代理店のフォロー
・計数管理
・示談交渉業務
・事故管理
・保険更新手続き
・説明会講師
・商品知識の習得
・担当業界知識の習得
・代理店サポート
・問い合わせ対応
・経費精算
・新人の教育

棚卸し作業のあとに、ふたつの重要な問いかけを行ないます。

問1：あなたのふだんからの業務は、あなたの重要な価値観をどのように充足していますか（あなたの重要な価値観は、あなたのふだんからの業務の中でどのように反映されていますか）？

問2：あなたの重要な価値観をさらに充足させていくためには、あなたのふだんからの業務にどのように取り組んでいくといいと思いますか（あなたのふだんからの業務にさらにどのように取り組んでいくと、それらの業務の中にあなたの重要な価値観を見出すことができると思いますか）？

この2つの質問によって、現在の業務と価値観の整合性を確認します。すると、これまで余計な業務だと思っていた説明会講師や新人教育の仕事も、自分の成長や周囲への信用につながっていたことが再認識できます。工藤さんは、こう振り返ります。

「これまで、『来客対応』や『提案書の作成』『商品知識の習得』『担当業界知識の習得』などは自分の価値観にも合致し、重要な業務だと思っていました。しかし、ふたつ目の質問で『あなたの重要な価値観をさらに充足させていくためには、あなたのふだんからの業務にどのように取り組むべきか』と聞かれ、改めて考えると、『電話やメールの対応』『書類の回収』業務もきちんと取り組めば、自分の価値観を強化してくれる業務だと気づきました。さらに、これまで後ろ向きな業務で敬遠しがちだった『示談交渉業務』や『事故管理』もお客様にとっては何より重要で、お客様を満足させるには欠かせない業務だとわかりました」

このように、ひとつ目の質問だけでもいいですが、ふたつ目の問いかけがとても重要で、業務を見つめ直すことで、これまで思ってもみなかった業務に重要な価値観を見出すことにつながります。

見直しが終わったら、最後に「自分がやりたい仕事と業務」を明確にして、シートに業務項目、重要度、その内容を書き出します。

業務棚卸しの重要性は、ふだんからの業務（ルーティーン）の中に自分の重要な価値観を見出すことで幸せ感やワクワク感を得ることができることです。現在の仕事を受け入れて意義を再発見することで、心からの肯定感を得ることができるのです。同時に、その中に自分の重要なコンピテンシー目標を見つけて、「あしたの履歴書」につなげていきます。

「することを愛する」と自分の仕事が広がる

「愛することをする」という言葉と「することを愛する」という言葉があります。

前者は、もともと自分が価値観を感じていた業務、すなわち「好きなこと」をすること。後者は、ふだんのルーティーンな業務、すなわちいつも「していること」を愛することです。

「価値観シート」や「業務棚卸しシート」を通じてわかったことは、ふだん「していること」の中に、あなたにとって重要な価値観が隠れているということです。

業務で成果を上げている人ほど、ルーティーンの重要性を理解し、自分のすることを愛しています。トップセールスほど、新人営業が嫌う地味な電話のアポ取りや飛び込み営業に力を入れています。ルーティーンを愛することで、さらに多くの仕事をすることができるようになります。

愛することを仕事にしている人は、自分がしていることを愛することが、愛することを仕事にするためのカギであると理解しています。要するに、自分の大切な価値観と自分の仕事との関連性を再発見し、自分の仕事をありがたいと感謝することができたら、より積極的に自律的に仕事をすることができるようになります。

時には、いまやっている仕事へのやる気が失われても、その仕事がどのように自分の価値観を実現するのに役立っているのか自ら問いかけ、再確認することができるでしょう。

「好きなことだけすればいい」という主張や本もありますが、人はそれだけでは成長しません。「俺は好きなことだけやってきた」とか「いまさえ楽しければいい」という人たちも本質的には、「愛することをする、することを愛する」精神をもっているのです。決して、好きなことだけ選んで生きてきたわけではないでしょう。そもそも、世の中を生きるのに好きなことだけで通用するわけはありません。

スタンフォード大学のジョン・D・クランボルツ教授が提唱したキャリア論で「計画的

偶発性理論」があります。

それは、個人のキャリアの8割は、予期せぬ偶発的なことによって決定されているという考え方です。言い換えれば、小さい頃から「～になりたい」「～で働きたい」と思っていても、実際に実現した人は少ないということです。つまり、予期しなかった出会いや出来事によってキャリアも人生も左右されるということです。

職場において実績を上げ続けている人は、予期せず起きた結果として自分で始めたことを、自分の積極的な行動や努力によって最大限に活用しているのです。そして、偶然と思えるような出会いや出来事を大切にして、それらの偶然をチャンスに変えることができます。時に、自分で積極的にチャンスをつくり出して、自分のキャリアとし、幸せな気持ちで働いているのです。

結局、実績を上げている人は、いまやっている仕事の中に、意義・意味・使命を見出して仕事をしています。決して、気に入った仕事だけをしているわけではないのです。

「やりたい・できる・やらねば」を整理する

個人のキャリアの8割は、予期せぬ偶発的なことによって決定されているとはいえ、いつも成り行きに任せているわけにはいきません。

そこで、参考となるのが、筆者が新たにつくった言葉であり、概念である「ホワイトオーシャン」という経営理論です。

「レッドオーシャン」「ブルーオーシャン」という言葉はすでにあります。前者はすでに競争が激しく行なわれている既存の市場を指し、後者は参入者がほとんどなく、競争の行なわれていない市場を指します。

これに対して「ホワイトオーシャン」は、「レッド」でも「ブルー」でもない新たな領域を指し、自社のこれまで蓄積したノウハウ、人材や顧客にこそ新たなビジネスチャンスが眠っているという考え方です。つまり、「潜在的なマーケットと顧客」を活用し、「会社が潜在的にもっている強み」を発揮して、売上げや利益を上げる手法が「ホワイトオーシャン戦略」です。

これは、個人に対しても有効な考え方です。人は意外と自分のことを知らず、自分の中に眠っている強みに気がつかないで、活かしきれていないことが多いものです。まだまだ自分の中に伸びる余白部分があるのではないか、その余白を象徴する意味でもホワイトオーシャンと名づけました。

このホワイトオーシャン戦略を実行するにあたって、参考になる基本的な概念のフレームワークがあります。

「やりたいこと」「できること」「やるべきこと」の3つの項目で、自分の行動を考えることです。

例えば、いまあなたにとって「やりたいこと」「できること」「やるべきこと」とは何でしょうか。

「やりたいこと」とは、すなわち夢と願望。例えば、新規事業を興したいとか、店舗数を増やして顧客を増やしたいとか……。個人的な目標ならば、資格を取りたいとか、ビジネ

図17

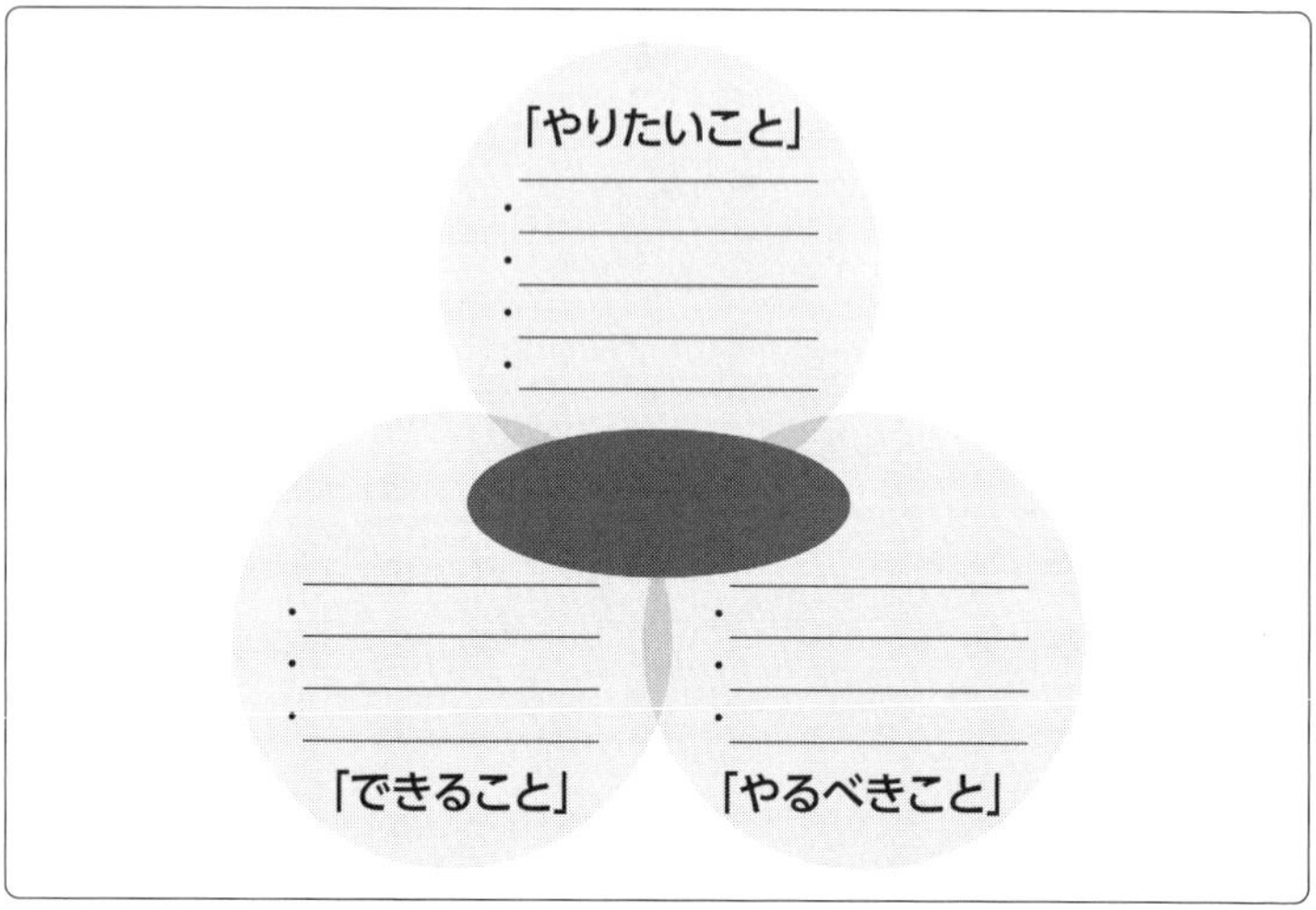

ス関係の書籍を100冊読むとか、いろいろあるでしょう。

「できること」とは、やりたいことに対して、現実のいまの自分が実際に可能なことです。新規事業はすぐにはできないが、そのための情報は集めることはできるとか、店舗数は増やせないが、既存店で顧客を増やすなど。資格をすぐ取得するのは無理でも、計画的に資格試験のための勉強はできるし、関連書籍100冊のリストアップはできます。いまの自分を顧みて、可能であることがこの領域に入ります。

そして、「やるべきこと」とは、いま自分がまわりから求められていることや、解決や改善が迫られている問題、課題などがこれにあたります。

自分の行動を3つのカテゴリーに分けることで、自分が何を望んでいるのか、何をなすべきなのか、自分の行動の優先順位が明確になります。そして日々の行動で、必要以上に悩んだり、迷ったりすることはなくなります。

よく、行動に一貫性がなかったり、なかなか行動に移せない人がいますが、この3つのカテゴリーが頭の中で混乱していて整理できていない人に多いのです。

これを個人に当てはめて考えてみましょう。

まず、「やりたいこと」とは、あなたのミッション、ビジョン、目標などです。1年後、3年後、5年後など、社内での成績目標やキャリア・デザイン、あるいは個人的な目標、最終的にやりたいことなどもあるでしょう。

次に「できること」とは、現時点でのあなたのキャパシティを指します。この部分がホワイトオーシャンで言うところの、あなたがいまもっている「強み」と重なります。

最後に「やるべきこと」とは、いま抱えているクリアしなければならない問題や課題であったり、また「できること」すなわち、あなたの強みから必然的に導かれてくる、取り組むべき課題にあたります。

ホワイトオーシャン戦略の基本的なフレームワークとして、この3つを常に洗い出し、顕在化することが重要です。

そのうえで、3つの重なった部分にこそ、最も優先順位の高い改善ポイントが存在すると考えられるのです。それを図式化したのが、掲載した図17です。

なお、これらの「やりたいこと」「できること」「やるべきこと」の3つが一致していることが、行動科学の分野においては「幸せの定義」となっています。

「やるべきこと」をクリアするのが業績アップの秘訣

「やりたいこと」「できること」に関しては、人は進んで取りかかりますが、「やるべきこと」というのは誰もが気の進まないものです。しかも、人から強制されたり、義務的になってしまっている「やるべきこと」には、どうしてもモチベーションが上がらないのです。

私は、コンサルティングの現場で、あなた個人の「やりたいこと」「できること」「やるべきこと」を挙げてみてください、と聞くことがあります。すると多くの人は「やりたいこと」と「できること」は比較的スムーズに浮かぶのですが、「やるべきこと」はなかなか出てきません。


「やるべきこと」は、本来やらなければならないのに、いまだにやれていないという状況から生まれてくることがけっこうあります。行動科学的に分析すると、それは何らかのメンタルブロックがかけられているためだと考えられます。

メンタルブロックとは、人が何か行動を起こす際、ダメだとか、できないという思い込みによる意識の壁のことです。この壁によって自分の思考や行動を抑制してしまうのです。

例えば、あなたが営業に回るとしましょう。「このエリアは誰も買うはずがない」と、特に理由もなしに決めつけてしまい、行動するのが億劫になってしまう。このようなことは日常的にありがちです。

あるいは、過去のトラウマやコンプレックスから自分の精神の安定を守るために、あえである事柄から目をそらす、避けて通るようになるということもメンタルブロックがかかった状態と言えます。
過去に失恋して心に傷を負ってしまった人が、「どうせまたダメになる」という思い込みから、恋愛を育むことができなくなってしまったりするケースなどもこれにあたるでしょう。

メンタルブロックがどうして生じるかというと、本人に都合の悪い事実を直視せずにごまかしたり、そこから目をそむけてしまうところから生まれます。「やるべきこと」から目をそむけてしまうと言ってもいいでしょう。
これを繰り返すとどうなるか。あえて目をそむけていた対象はもちろん解決されることなく、時間とともにどんどん問題が大きく膨らんできます。それはやがて、無意識の中で大きな負担となって本人にのしかかってくるのです。

現実に目を向けると苦しくなってしまうので放置してしまうのですが、決して問題が解決されたわけではありません。それどころか、時間とともに深刻さは増していきます。一刻も早く問題と向き合うことで、前に進むことが可能になるのです。
「やるべきこと」から目をそらしていないか？ そらしているとしたら、それはどうして
なのか？ それを意識化することによって、メンタルブロックを外すことが、「メンタル
ブロックマネジメント」なのです。
メンタルブロックマネジメントによって、自身の「やるべきこと」をクリアしていくこ
とが業績アップにつながり、あなたのキャリア・デザインの可能性を広げてくれる秘訣で
もあります。

3つのマネジメントが「自己受容感」を高める

そもそも「幸せ」とは何でしょうか。行動科学的な視点で言うなら、「自己受容感」（自
己肯定感）が高い状態こそが「幸せ」であると考えられています。つまり、現在の自分で
大丈夫だ、「I am OK」という感覚が高いことが「幸せ」な状態だということです。
では、「自己受容感」を高めるためには、どんな条件が必要になるでしょうか。自分を

受け入れる、認めるということは、自分に対して嘘偽りがないことが必須の条件になります。自分が本当の気持ちをごまかしていたり、自分の感性や感覚に素直にならずに生きている人は、表面的にはさまざまな理由をつけて自己正当化していても、心のどこかで嘘をついている自分に気がついています。

よく、他人はごまかせても自分はごまかせないと言いますが、まさに良心や自我といったパーソナルコアの部分はごまかすことができません。自分を偽っているうちは、「自己受容感」を得ることは難しいのです。

また、自分自身の価値に気づいていなかったり、自分を必要以上に否定してしまう人も自分を受け入れることは難しいでしょう。本来のあるがままの自分をしっかりと認識すること、そしてそれを肯定することが、そのまま自己受容に結びつくのです。まず、自分を客観的に冷静に見ること。それができなければ自己受容は難しいのです。

さらに自己コントロール感を失った時に、人は自分を受容することが難しくなります。

自己コントロールとは、自分の意志と考えで自分の行動を統制するということです。これを失うということは、つまり自分が自分の主人公、主体であるという感覚が奪われてしまうのです。

実は、軽い自己コントロール感の喪失は、日常の仕事中にもしばしば陥ることが指摘されています。例えば、その日のうちになんとか仕上げたい重要な企画書を書いている時、予定になかった打ち合わせで時間を取られてしまう。やっと、自分の仕事ができるかと思ったら、今度はトラブルが発生して急遽対応に追われることになったり。こうした外部の状況に振り回されてしまうということは日常でもありがちです。

ただし、もっと深刻なのは「やるべきこと」を先延ばしにすることです。先延ばしにして、ますます問題から目をそむけて、無意識下に押しやってしまう。積もり積もると、やがて一種の不安感や恐怖心に転化していき、心の病にまでつながってしまいます。

このような「自分を偽ること」「自分の本来の姿を認識せず自己否定すること」「自己コントロール感を失うこと」、この3つをクリアするマネジメントこそ、ホワイトオーシャンのマネジメントにも他なりません。

まず、「やりたいこと」を明確にするミッションマネジメントによって、本来の自分のあり方や使命感、存在意義を見つめ直します。そこから、かくあるべしと思う自分の将来を見据え、そこに向かって行動指針をつくります。そうすることで自分の行動に首尾一貫した統一性が生まれます。つまり、自分の言動や行動に嘘が入り込む余地が少なくなるのです。

次に、「できること」のリソースマネジメントは、自分の本来の姿をありのままに見つめ、そこに新たな価値を再発見することですから、自己否定ではなく自己肯定の作業になります。

最後の「やるべきこと」に関しては、メンタルブロックマネジメントによって、ブロックを外し、滞っていたものを解決し解消することで、余計な不安や恐れを断ち切ります。このことによって、失っていた自己コントロール感を取り戻すことができるのです。

このメカニズムは個人でも企業でも変わりありません。自己受容感が高まるということが「幸せ」の第一歩なのです。

ホワイトオーシャンは感謝のパワーを生み出す

ホワイトオーシャン戦略では、身近なものを見つめ直す作業から始めます。個人で言うならば、いちばん身近なものは自分自身です。そして、配偶者や子ども、親や兄弟、友人知人といった人たちが続きます。

身近なものというのは、ついつい私たちにとっては「当たり前」の存在になりがちです。配偶者、親兄弟、子どもなどの身内は特にいつも顔を合わせているので、時にはうるさい存在ですらあります。

ふだんの日常が滞りなく進んでいる時は、その価値に気づくことはほとんどありません。しかし、自分が病気や事故に遭った時、何かしら不遇に遭遇した時に初めて、身近な人たちの存在と協力がいかに自分を助けてくれていたかを実感します。

そして、「当たり前」だと思っていたことが「当たり前」ではなく、実は読んで字のごとく「有り難い」ことだと思い至るのです。失ってみて初めてわかることが確かにあります。できれば失う前にその大切さに気がついてほしいものです。

この「感謝」の気持ちこそ、あらゆるマインドの中で最強のパワーを発揮するものだと思います。誰が見てもドン底で不幸のまっただ中にあっても、この気持ちがある限り、人は前に向かって進むことができるのです。

ホワイトオーシャンとは身近なものを見直すことによって、その価値に気がつくということです。言い換えれば「当たり前」だと見過ごしていたものを「有り難い」ものだと再認識すること。つまり、ホワイトオーシャンは「感謝」のマネジメントだと言ってもいいでしょう。


最後に、ホワイトオーシャンとミッションの関係を整理しておきましょう。前述したように、ミッションは「やりたいこと」のマネジメントとして取り上げました。

ホワイトオーシャンの基本的な思考フレームは、視点を内側に向けること。そして、すでにあった価値で見逃されていたものに対する「気づき」が中心になっています。この思考法は、そのままミッション策定の方法論でもあるのです。

ミッションは使命や目的ですが、それを明らかにするには、これまでの来し方、すなわち歴史を振り返ることが役に立ちます。

第4章の「きのうの履歴書」で、エンゲージメント・グラフをつくったのもそのためです。あなた自身の人生を振り返ってみてください。小学校から高校、大学までの学生時代、どんなものに興味をもち、どのような部活やサークルに入って活動していたか。就職先はどんな会社で、どんな仕事をしてきたか。自分の出来事とともに、家族の動きや、事件なども同時に書き込むとより効果的です。

この作業自体が、忘れていたあなたの過去を思い出させるきっかけになるかもしれません。書き出したエンゲージメント・グラフを改めて眺めてみましょう。何か気づくことはありませんか。

ポイントは、共通するもの、つながりのあるものを探すことです。

例えば、学生時代、海外旅行を目指していた、社会人になって海外旅行に行くようになった、いま語学を習い始めている、というようなことがあったら、共通項は海外だと考えます。すると、人生のテーマとして「海外」「外国」がひとつのキーワードになるかもしれません。それならば、ミッションもそれに関係したものを考えてみます。

「海外の人との交流を通して新しい価値観を得ること」とか「海外の人と仕事をすること

で、新しい可能性を探ること」などと挙げたうえで、自分の志向や状況を合わせて、最もぴったりくるものが、あなたのミッションだと考えられます。

いずれにしても、ホワイトオーシャンとミッションの基本的な関係は、ホワイトオーシャンの「自己を見つめ直す」という行動科学的アプローチが、そのままミッション作成のアプローチと重なるという点が最も大きな特徴なのです。

ミッションの作成については、第8章の「あしたの履歴書」30年計画編で説明しますが、ホワイトオーシャン戦略もそのために効果的ですので覚えておいてください。

第6章

3年後の「あしたの履歴書」

職務経歴書の重要性と3年後にやりたいこと

いよいよ、3年後の「あしたの履歴書」作成に入りましょう。第3章の「『あしたの履歴書』の全体構造」の節でも触れましたが、ここでは、履歴書と職務経歴書が重要な役割を果たします。

特に職務経歴書は、あなたのビジネスパーソンとしての市場価値に直結します。単に部署や業務だけを列記したものではないということを再度、ご理解ください。

欧米では、「ジョブ・ディスクリプション」という重要な書類があります。日本語で職務説明書などと翻訳されますが、欧米のビジネスの世界で、非常に重要な役割を果たしています。

ジョブ・ディスクリプションには、企業側で求めるポジションに関する詳細なニーズが書かれています。職務内容から目的、責任、権限の他、必要とされるスキルや技術、資格、

図18

「履歴書」と「職務経歴書」はキャリアの２大書類

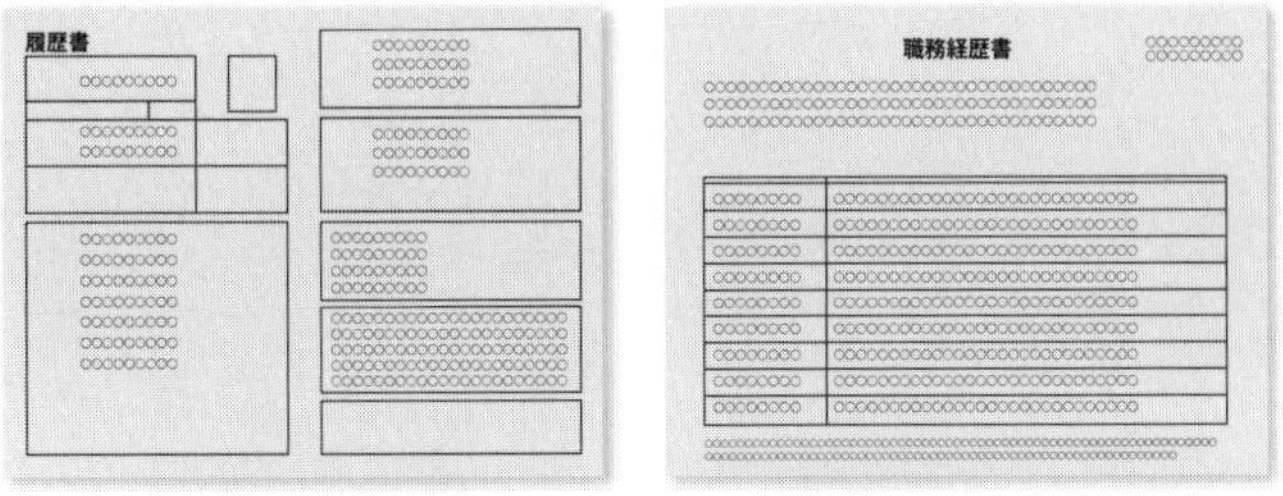

「履歴書」は基本情報　　「職務経歴書」はメイン書類

「職務経歴書」が市場価値を端的に表わしている

あなたは「履歴書」と「職務経歴書」が
転職のためだけの書類だと思っていませんか？

経験など、読めば誰でもそのポジションの役割を理解できます。

一方、職務経歴書には、その人が企業や社会に対して提供できるシーズが記載されています。どのような職歴を経て、どのようなスキル、経験などをもち、転職先の会社にとってどのように役立つか、つまり市場価値が書かれています。

欧米企業ではポジションごとに採用を行なうため、現場のマネジャーに権限が移譲されています。そこで重視されるのが、ジョブ・ディスクリプションなのです。求めるポジションに必要とされるニーズと、応募者のシーズをマッチングするには、ジョブ・ディスクリプションが不可欠です。

また、ジョブ・ディスクリプションは採用の時だけに使われるものではなく、その後のキャリアアップ、業績アップなどにも深く関わります。というのも、優れたジョブ・ディスクリプションには、あるポジションになった時にどんなスキルが必要で、自分はどんなスキルをもっているのか書かれているので、入社後の育成やスキル評価、業績評価に関わるのです。

業績を上げている企業におけるジョブ・ディスクリプションは、採用、育成、業績アップの三位一体で活用されています。さらに詳しく述べると、どのようなポイントを育成したらそのポジションのメンバーは十分プロとして活躍できるのか、そしてどのようなポイントを実行したら実際に業績アップするのかが明快に記載されているのです。このような企業においては、優れたジョブ・ディスクリプションと、それにリンクしたコンピテンシーベースの人事評価制度がセットで導入されているのです。

「あしたの履歴書」でも、実は業績を上げている企業でのこの組み合わせを採用しており、ジョブ・ディスクリプションに匹敵する職務経歴書として、「あしたの職務経歴書」を作成し、それとリンクするかたちでコンピテンシーシートも装備されているのです。これらで、武装されたビジネスパーソンの市場価値は必ず向上することでしょう。

ここでは、いくつかの手順を経ながら、「あしたの職務経歴書」をつくっていきます。それこそ、あなたのキャリアプランの中核となりキャリアや仕事の価値を再発見する貴重なツールとなります。また、自分自身でも自覚していなかった能力やスキルを再発見するきっかけにもなります。

まず、最初に前章でつくった「業務棚卸しシート」を参考にしながら、3年後に何をしたいのか目標を具体的に設定していきます。

あなたの仕事の内容によって、その設定には違いが出てくるでしょう。一般の企業で異動しながらキャリアアップを目指していくタイプもあれば、同じ部署で専門性を高めていくタイプ、あるいは自営業やフリーランスとして働いているタイプもあるかもしれません。働く自由度が高まった現在においては、企業で働きながら副業もしたいという人もいることでしょう。

従って、3年後には「こんな部署でこんな仕事をしたい」でも、「こんな資格を取りたい」あるいは「スキルを身につけたい」でも、「こんな大きなプロジェクトに関わりたい」

でもかまいません。

また、いきなり3年後では遠すぎるというのなら、1年後、そして2年後と順を追って「5W1Hシート」などを使いながら目標設定するのもよいでしょう。

いずれにせよ、具体的に何をし、どんな働き方をして、どんな成果を上げたいのか明確にイメージすることが大切です。

目標が実現した時の気持ちを明確にすると、ワクワク感が高まります。そのためにも、自分の生き方や価値観と一致した目標を設定することが重要です。そうすれば、それが潜在意識と意識の双方でやりたいことになるのです。

3年後の目標を「5W1Hシート」で

まず、最初に3年後の目標を「5W1Hシート」に書き込んでいきます。

When（いつ成果を上げたいか）、Where（どこで成果を上げたいか）、Why（なぜ成果を上げたいか＝自分のミッションでもある）、What（何をすることで成果を

図 19

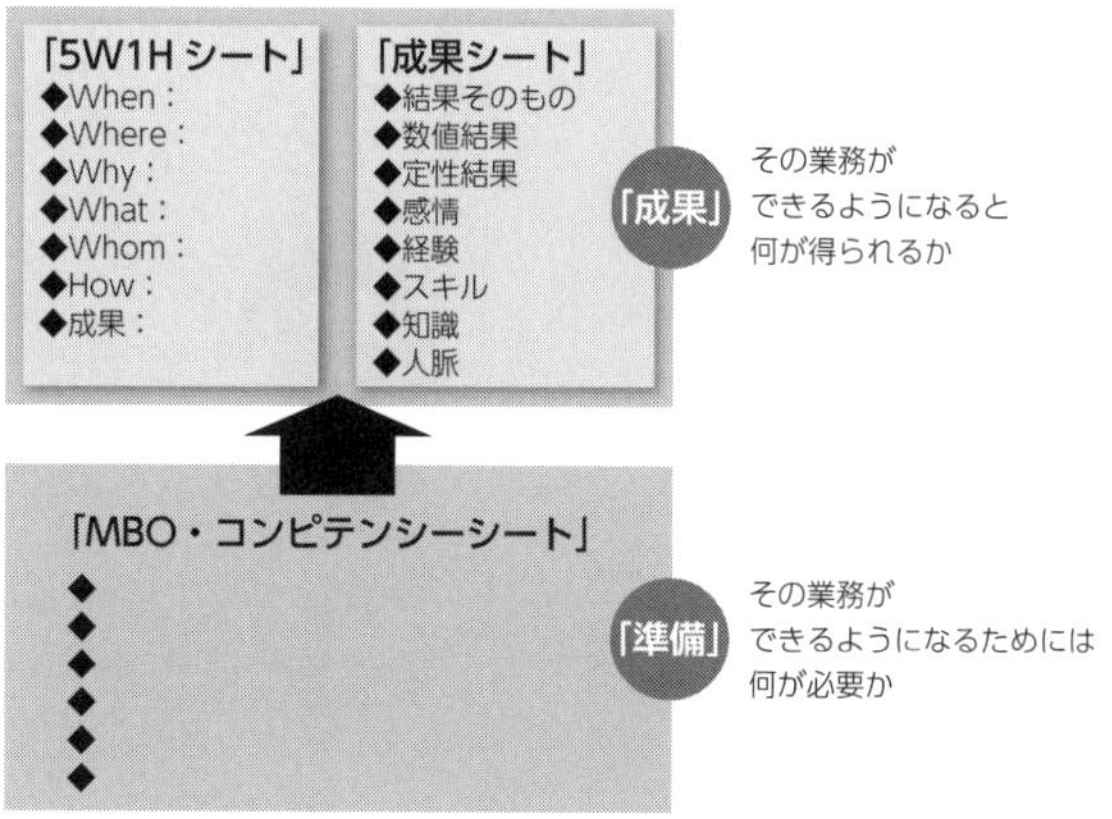

常に「成果」と「準備」をセットで考えておくことが目標実現のポイント

上げたいか）、Ｗｈｏｍ（誰に対して成果を上げたいか）、Ｈｏｗ（どうやって成果を上げたいか）の５Ｗ１Ｈで目標を明確にして、その成果をまとめます。５Ｗ１Ｈで問いかけることによって答えが出やすくなります。実際のプログラムでは、Ｗｈｅｎ×成果、Ｗｈｅｒｅ×成果など、一つひとつ成果と組み合わせて問いかけていくことでより実現したい成果を明確にしていきます。

その作業をわかりやすくするために、第３章でご紹介した３人の受講生にまた登場してもらいましょう。その事例を見ながら、あなたも５Ｗ１Ｈシートをつくってみてく

図20 5W1Hシート

ださい。

まず、ひとり目は土井哲人さん、35歳。現在、居酒屋の店長ですが、先が見えずに悩んでいました。「あしたの履歴書」講座を受講し、3年後の目標を本社でバイヤー（仕入れ担当）になることと決めました。

土井さんのシートです。

When：3年後
Where：本社の食材調達部
Why：よりよく、より安い食材を仕入れて、お客様に喜んでもらうため
What：本社食材調達部に配属となる
Whom：これまでお店でお世話になっ

たお客様と、これから来店されるお客様

How：世界中の食材を農業栽培の段階から、おいしい料理の方法までこだわって調べる

成果：お客様に喜んでいただくことで、売上げを増やし、会社にも貢献する

ふたり目は工藤太一さん、26歳。現在、大手損保会社の法人営業担当ですが、営業成績が伸びずに悩んでいました。3年後の目標は、花形の運用セクションに自己申告で異動し、実績を上げることに決めました。

When：3年後

Where：本社株式運用部

Why：株式運用の世界で一流のプロとなるため

What：本社株式運用部に配属となる。そこで、よい運用成績を上げる

Whom：保険の顧客や投資家

How：証券アナリスト資格とふだんからの会社情報リサーチを活かす

図21 5W1Hシート（工藤さんの事例）

◆When（いつ）：３年後

◆Where（どこで）：○○海上火災本社株式運用部

◆Why（なぜ）：株式運用の世界で一流のプロとなるため

◆What（何を）：本社株式運用部に配属となる。そこでよい運用成績を上げる

◆Whom（誰に）：保険の顧客や投資家

◆How（どうやって）：証券アナリスト資格とふだんからの会社情報リサーチを活かす

◆成果：株式のポートフォリオマネジャーになって抜群の運用成績を上げる

成果：株式のポートフォリオマネジャー
　になって、抜群の運用成績を上げる

３人目は福井裕二さん、32歳。現在、人材サービスベンチャーの部長ですが、今後の目標がいまひとつ描ききれていません。３年後の目標は、まずは足元を固めて、勤務中のベンチャー企業の取締役になると決めました。

When：３年後
Where：本社
Why：起業のためのキャリア・パスと
　するため
What：取締役事業開発本部長となる

Whom：新たな顧客を創造し、新たな顧客に対して
How：当社の強みを活かした新規事業を立ち上げ、それを成功させることによって
成果：新規事業を成功させることで取締役に就任、起業のためのキャリア・パスをつくる

成果をリアルにイメージできる「成果シート」

5W1Hシートで書いた成果を、よりリアルにイメージするためにつくるのが「成果シート」です。より具体的に結果、その時の気持ち、スキル、意義などをイメージして書き込んでいきます。成果をリアルにイメージしていくのが「成果シート」ですが、「あしたの履歴書」において、私たちがイメージに強いこだわりをもっている理由はシンプルです。「イメージできない目標は達成できない」ことが、実証研究などでわかっているからなのです。イメージの中でも、自分自身に対する自己イメージが最も重要です。それは、自己イメージがふだんの生活はもとより、人生の重大な意思決定にも大きな影響を与えている

図22　成果シート

からです。より具体的には、自己イメージが、その人の感情や思考、さらには意識上にある表情・言葉・行動にも顕在化されるからです。自己イメージの中でも、特に重要なのが自分のアイデンティティについてのイメージです。「自分は何者であるのか」についてで潜在意識の中でどのようにとらえているのかが、さまざまなものに多大な影響を与えているのです。これらの事柄が「あしたの履歴書」の心理学的なバックラウンドでもあるのです。

それではまず、土井さんの成果シートから見ていきましょう。

結果そのもの：本社食材調達部に配属と

なる。そこで活躍する

数値結果：来店客数を1割増やすことに貢献する

定性結果：顧客満足度が向上し、業界で評判となる。メディアにも取り上げられる

感情：うれしい気持ち。幸せな気持ち。いままでがんばってよかったという気持ち。友だちに自慢したい

経験：世界中の生産地の卸売業者、生産者と親しくなる

スキル：安くておいしい食材を見極めて調達してくるスキル

知識：世界中の食材や料理法の知識

人脈：社内外、国内外の安くておいしい食材についての人脈

意義：食を通じてお客様に喜んでいただく。会社にも売上げ増大で貢献する

「5W1Hシート」と「成果シート」を作成して、土井さんはこんな感想をもちました。

「いま店長をやっていて先が見えない中、3年後の目標を5W1Hで設定しましたが、自分がこれまで食材にこだわってきて、お客さんに喜んでもらうことがうれしくて、同時にそれが自分の強みだったのだと気づきました。これまで本社の食材調達部でバイヤーにな

ることなど考えていませんでしたが、自分が3年後、本当にやりたいことが見えてきたら、バイヤーとして世界中でいい食材を仕入れる仕事がしてみたいという気持ちになったのです。やはり、食を通じてお客さんに喜んでもらうことが自分の望みだということが明確になりました」

次に、工藤さんの成果シートです。

結果そのもの：本社株式運用部に配属となる。そこで優れた運用成績を上げる

数値結果：株式市場（日経平均）を5％上回る運用実績を挙げる

定性結果：運用している投資信託の人気

図23 成果シート（工藤さんの事例）

◆**結果そのもの**：本社株式運用部に配属となる。そこで優れた運用成績を上げる

◆**数値結果**：株式市場（日経平均）を5％上回る運用実績を挙げる

◆**定性結果**：運用している投資信託の人気が出る。社内で表彰される

◆**感情**：誇らしい気持ち。本当にやりがいのある仕事ができている気持ち。
自分の能力が活かせている実感

◆**経験**：ポートフォリオマネジャーとしての経験

◆**スキル**：ポートフォリオマネジャーとしてのスキル

◆**知識**：株式投資、企業財務、企業戦略

◆**人脈**：上場企業、投資家、証券アナリストなどの人脈

◆**意義**：ポートフォリオマネジャーの経験を通じて企業財務のプロとなる

　が出る。社内で表彰される
感情：誇らしい気持ち。本当にやりがいのある仕事ができている気持ち。自分の能力が
　活かせている実感
経験：ポートフォリオマネジャーとしての経験
スキル：ポートフォリオマネジャーとしてのスキル
知識：株式投資、企業財務、企業戦略
人脈：上場企業、投資家、証券アナリストなどの人脈
意義：ポートフォリオマネジャーの経験を通じて企業財務のプロとなる

　工藤さんは、3年後の目標をポートフォリオマネジャーに設定しましたが、「成果シート」で、別の思いが湧いてきたようです。

「3年後には、本社の株式運用部でポートフォリオマネジャーとして活躍したいと、最初は思ったのですが、『成果シート』をつくって見えてきたのは、最終的には企業財務のプロになって、お客さんの役に立ちたいという気持ちでした。ポートフォリオマネジャーはその手段のひとつかもしれません」

そして、福井さんの成果シートです。

結果そのもの：新規事業を成功させ、取締役事業開発本部長となって活躍する
数値結果：売上げ2億円、営業利益4000万円
定性結果：当社の本業ともシナジーがある事業の開発・成功により、当社全体の売上げ、創造力を高める
感情：達成感。会社に本当に役に立てたという気持ち。恩返しができたので次に進めるという気持ち
経験：自分が総責任者となって事業を成功させる経験
スキル：事業開発、リーダーシップ、チームワークなどのスキル
知識：新規事業に関連する知識
人脈：社内外の人脈、特に社外のプロ人脈の獲得
意義：大きな事業をやり遂げる。会社に貢献する。次へのステップとする
福井さんは、本音では思い切って起業する道も考えていましたが、「5W1Hシート」

と「成果シート」を通じて、地に足が着いた考え方に変わりました。

「実はいろいろと考えていたのですが、3年後の目標を立てることで、中途半端にいまの会社を飛び出すのは自分の使命を放り出すような感じがしました。しかもよく考えれば、ここで踏ん張って、新事業を軌道に乗せることができれば、今後、起業する時、貴重な経験になると気づいたのです。そこで、新事業を成功させて3年後には取締役事業開発部長に就任することが、会社への恩返しになるし、その後、力強く前に進める原動力になると思いました。おかげで明確な目標設定ができました」

3人が語るように、この成果シートまでくると、3年後とはいえ、かなり実現のリアリティが出てきて、目標に立ち向かっていこうというワクワク感が出てくるのではないでしょうか。

「あしたの職務経歴書」で、3年後を明確に

このふたつのシートをもとに、3年後の「あしたの職務経歴書」をつくっていきます。

まず、箇条書きで書きます。工藤さんの事例を参考にしながら進めましょう。

職務経歴書の書き方を松竹梅の3段階で示してみましょう。まず、一般的な「梅」では、「○○火災海上本社株式運用部」と、部署や所属しか書かれていません。少しましな「竹」では「○○火災海上本社株式運用部でポートフォリオマネジャーとして株式運用業務を担当」と、部署に加えて業務までは書いてあります。

しかし、「松」の「あしたの職務経歴書」は、以下のようにその人の独自の業務、身につけているスキル、残した実績まで書かれています。

・○○火災海上本社株式運用部でポートフォリオマネジャーとして株式運用業務を担当
・経営者へのインタビュー、会社への訪問、企業の事業構造・収益構造分析、テクニ

図24 「あしたの職務経歴書」（箇条書き編）

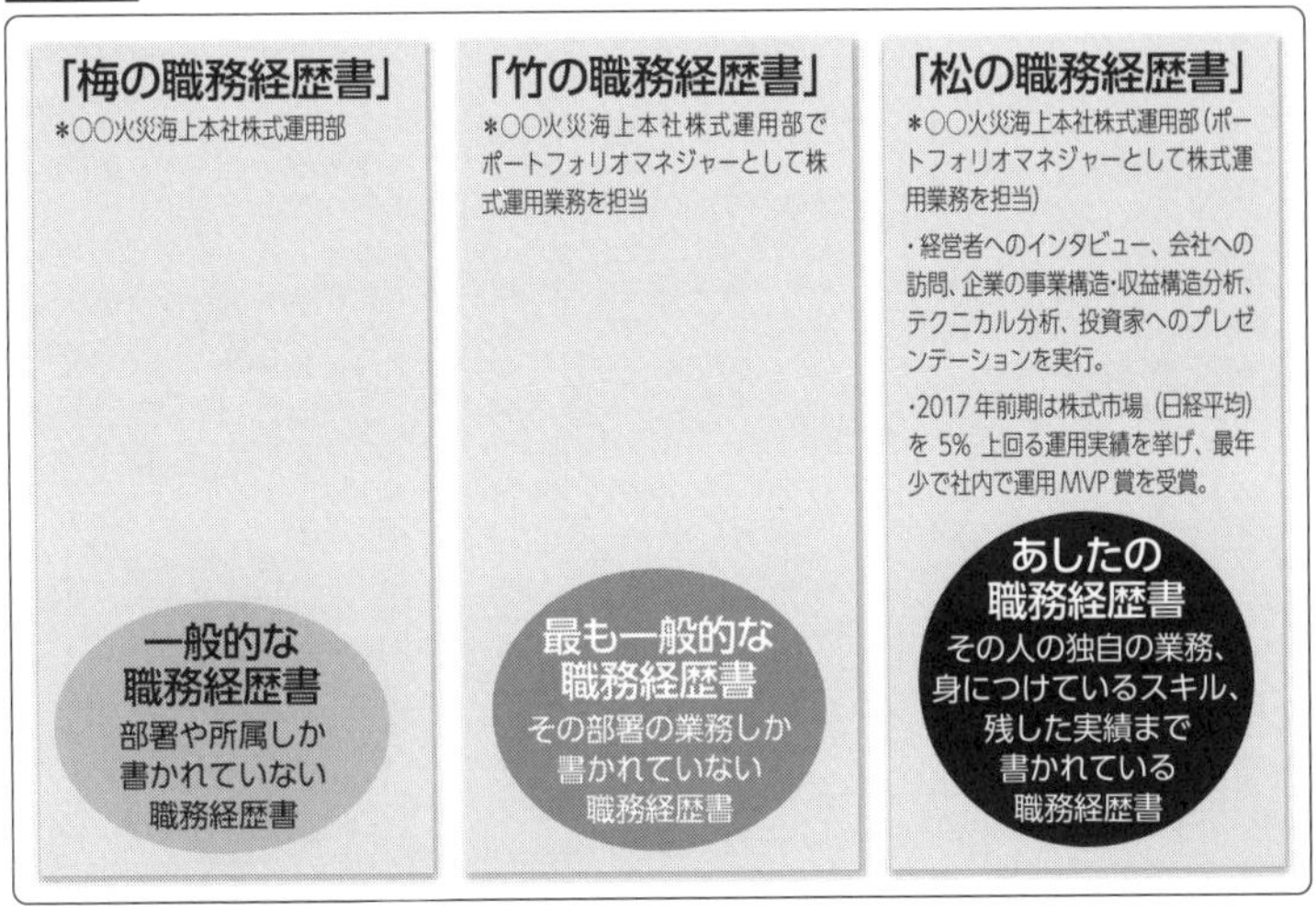
「梅の職務経歴書」
＊〇〇火災海上本社株式運用部
一般的な職務経歴書
部署や所属しか書かれていない職務経歴書
「竹の職務経歴書」
＊〇〇火災海上本社株式運用部でポートフォリオマネジャーとして株式運用業務を担当
最も一般的な職務経歴書
その部署の業務しか書かれていない職務経歴書
「松の職務経歴書」
＊〇〇火災海上本社株式運用部（ポートフォリオマネジャーとして株式運用業務を担当）
・経営者へのインタビュー、会社への訪問、企業の事業構造・収益構造分析、テクニカル分析、投資家へのプレゼンテーションを実行。
・2017年前期は株式市場（日経平均）を5％上回る運用実績を挙げ、最年少で社内で運用MVP賞を受賞。
あしたの職務経歴書
その人の独自の業務、身につけているスキル、残した実績まで書かれている職務経歴書

カル分析、投資家へのプレゼンテーションを実行

・2017年前期は株式市場（日経平均）を5％上回る運用実績を挙げ、最年少で社内の運用MVP賞を受賞

箇条書きの職務経歴書を書いた後は、具体的な記述編の職務経歴書をつくります。文章化することで、箇条書きよりよりリアルにイメージできるようになります。これも、梅から順に紹介しましょう。

「梅」は、「投資家へのプレゼンテーションを実行」と、成果ではなく結果しか書かれていません。

「竹」は、「投資家へのプレゼンテーショ

図25「あしたの職務経歴書」（記述編）

「梅の職務経歴書」
＊○○火災海上本社株式運用部（ポートフォリオマネジャーとして株式運用業務を担当）
・経営者へのインタビュー、会社への訪問、企業の事業構造・収益構造分析、テクニカル分析、投資家へのプレゼンテーションを実行。
「投資家へのプレゼンテーションを実行」
一般的な職務経歴書
（「成果」ではなく）「結果」までしか書かれていない職務経歴書
「竹の職務経歴書」
＊○○火災海上本社株式運用部（ポートフォリオマネジャーとして株式運用業務を担当）
・経営者へのインタビュー、会社への訪問、企業の事業構造・収益構造分析、テクニカル分析、投資家へのプレゼンテーションを実行。
「投資家へのプレゼンテーションを実行し、プレゼンテーション能力やコミュニケーション能力を学ぶ」
最も一般的な職務経歴書
「スキル」までしか書かれていない職務経歴書
「松の職務経歴書」
＊○○火災海上本社株式運用部（ポートフォリオマネジャーとして株式運用業務を担当）
・経営者へのインタビュー、会社への訪問、企業の事業構造・収益構造分析、テクニカル分析、投資家へのプレゼンテーションを実行。
「投資家へのプレゼンテーションを実行し、身につけたプレゼンテーション能力やコミュニケーション能力で英国最大の機関投資家の要望を引き出し、担当ファンドへの投資を獲得」
あしたの職務経歴書
「具体的な行動」と「働きぶり」がイメージできる職務経歴書

ンを実行し、プレゼンテーション能力やコミュニケーション能力を学ぶ」と、スキルまでは加わりました。

「松」の「あしたの職務経歴書」では、こうなります。

「投資家へのプレゼンテーションを実行し、身につけたプレゼンテーション能力やコミュニケーション能力で英国最大の機関投資家の要望を引き出し、担当ファンドへの投資を獲得」

　具体的な行動と働きぶりまでイメージできる言葉で表現するのが「あしたの職務経歴書」です。ここまで明快にイメージして目標設定することが実際に自律的な行動を促します。

「あしたの職務経歴書」を具体的に記述する時に気をつけるべきなのは、曖昧な言葉遣いをしないことです。後述するコンピテンシーシートのところで詳しくお話ししますが、使ってはいけない「NGワード」があります。

例えば、「努力する」「がんばる」「徹底する」「目指す」といった一般動詞は、実際の結果が出にくくなります。それよりも「～をする」という行為動詞を使いましょう。

さらに、「極力」「可能な限り」「積極的に」といった言葉もNGです。コンピテンシーシートの説明で、「NGワード集」を掲載しているので参考にしてください。

具体的な「あしたの職務経歴書」ができたら、それをインプロビゼーションで読み上げます。インプロビゼーションは第2章で解説しましたが、即興による身体表現を通してクリエイティブな問題解決能力を養成するアクティブ・ラーニングのひとつです。

最初は、場面をイメージしながら設定した目標を読み上げます。

「投資家へのプレゼンテーションを実行し、身につけたプレゼンテーション能力やコミュニケーション能力で英国最大の機関投資家の要望を引き出し、担当ファンドへの投資を獲得」

工藤さんに「どんな場面をイメージしたか」と聞いたら、こう答えました。

「ロンドンのシティにある機関投資家のボードルームで、自分とロンドン支店の担当者がふたりで、先方の責任者や担当者合計5名に対してプレゼンテーション資料を使いながら話している様子をイメージしました」

次に感情を込めて読んでもらいました。その時、工藤さんのイメージがこう変わりました。

「自分が勧めている投資信託商品の説明をしている姿を思い浮かべながら感情を込めて読み上げました。すると、今度はこの商品はどんな点が優れているのか、どこにメリットがあるのか、熱く語っている自分をイメージすることができました」

そして、最後は、3年後の自分になりきって、大きなジェスチャーを交えて演じていきます。

「感情を込めて読み上げた時も、自然にジェスチャーが出ましたが、さらに大きなジェスチャーを意図してやったら、手を左右に大きく広げて、勧める金融商品の可能性の広がりを表現していました。こぶしを振りかざして熱く語り、機関投資家の5人のメンバーたちが拍手してくれたので、一人ひとりと握手する姿が思い浮かびました」と工藤さん。

このように、同じ目標でも「イメージして」「感情を込めて」そして「3年後の自分になりきって」大きなジェスチャーでインプロビゼーションを行なうことで、まったく違うレベルのイメージが生まれ、紙の上の文字だけでは表現しきれない思考や思いを潜在意識から引き出して意識レベルに投影し、より記憶に残せるのです。その結果、潜在意識下で目標設定され、自律的な行動につながります。感じるまま動くことでインプロ・メソッドの途中で、目標が進化する人も少なくありません。

工藤さんは、こう語ります。

「目標をインプロビゼーションで表現するというのは初めての経験で、最初はちょっと気恥ずかしい面もありましたが、思い切ってやってみると、自然に頭の中にイメージが湧いてきたので驚きました。文字に書くだけだと、何か他人事のような気もしましたが、3年後の姿になりきって演じることで、これが自分の目標なんだと明確になった気がします。インプロビゼーションで演じること自体で、自分のリミットを越えることができた気分です」

「MBO・コンピテンシーシート」で行動の目標づくり

さて、具体的な3年後の目標が定まったところで、重要なことはどのように日々行動するかということです。目標は立てても、三日坊主では何の意味もありません。目標を達成するには、それにふさわしい行動をしなければなりません。ダイエットを決意しても、毎食、同じカロリー量を摂取していては目標倒れになります。

そこで、重要となるのが「MBO・コンピテンシーシート」です。

MBOは目標管理制度のことで、明確な数値で3年後の成果を設定します。例えば、土井さんであれば、「リピート来店客数を1割増やす」「売上げ達成率110％」「食べログ（グルメサイト）の評価で3・5」など、誰でもわかる数値目標を立てます。

しかも、単にリピート客を増やすのではなく、「イベントなどの帳尻合わせではなく、通常来店数でカウントする」と退路を断つように詳細に設定します。

図26 MBO・コンピテンシーシート

MBO（どのような成果を得たいのか？）

項目	詳細	目標設定項目	ウエイト	レベル1	レベル2	レベル3	レベル4（達成）	レベル5	レベル6

コンピテンシー（その成果を実現するために、どのように行動するのか？）

項目	詳細	目標設定項目

そして、目標を達成するために日々、何をしなければならないか、具体的な行動目標に落とし込んでいかなければなりません。それが、コンピテンシーです。

コンピテンシーは「仕事ができる人の行動特性」であり、行動目標、行動改善目標、プロセス目標とも呼ばれています。言い換えれば、「こう行動したら、仕事の結果が出る」というのがコンピテンシーなのです。

３年後の目標を実現するために必要なコンピテンシーを設定することは簡単ではありませんが、ここでは、あしたのチームが培ってきた知見を活用して、やり方をお教えしましょう。

あしたのチームが、中小・中堅企業の人事評価制度を構築するお手伝いをしてきたことはすでに述べました。その目標設定の際に活用している「8群75のコンピテンシーモデル」があります。

このモデルをつくったのは、高橋恭介がプリモ・ジャパン時代から交流のある人事政策研究所の望月禎彦氏です。

以下のように、A～H群までテーマごとに分類し、必要と思うコンピテンシーを選びます。

A群「自己の成熟性」とB群「変化行動・意思決定」はコアコンピテンシーと呼び、職種を問わず、全社共通のコンピテンシーです。つまり、ビジネスパーソンなら誰でも必要な要素です。

C群「対人（顧客）・営業活動」、E群「業務遂行」、F群「戦略・思考」、G群「情報」は専門コンピテンシーで、それぞれ営業、管理部門、企画系の職種・業種に対応します。例えば、営業会社はC群、士業の事務所はE群、クリエイティブな業種やコンサルティング会社はF群、システム開発会社はG群というイメージです。

D群「組織・チームワーク」、H群「リーダーシップ」はマネジメントコンピテンシーと呼び、マネジメントやリーダーシップに必要な要素です。

通常、企業に人事評価制度を導入する場合は、経営者が全社員共通、職種共通、役職共通に分けて、それぞれ75項目の中から7〜9項目を選びます。選んだコンピテンシーは優先順位をつけて上から並べます。

個人向けの「あしたの履歴書」でも、基本的には同じです。あなたが「あしたの職務経歴書」で設定した目標を達成するのにどんなコンピテンシーが必要か、会社の業種、職種、現在の役職などを考慮しながら、自分の価値観に合った項目を選びます。

そして、選んだ項目に従って実際の日常的な行動目標を設定していきます。いかに具体的な行動レベルに落とし込むかが重要で、ひとつの項目に対して極力、ひとつの目標に絞ります。箇条書きで並べるのは厳禁で、100字くらいの文章にしましょう。現実的で努力すればできる内容にして、他者からも評価しやすい目標にします。

文章化する時には、成果を高めていくためのプロセスを明確に書きます。心構えや意欲を書いても意味がなく、これらは前述した「NGワード」になります。

図27にあるように、「努力する」「がんばる」は当然の前提で目標設定の言葉ではありま

図27

NGワードの例		説明
・努力する ・徹底する ・目指す	・努める ・がんばる	目標は達成するために自らの意思で設定するものである。 そのために努力したりがんばることは当然の前提。 上記の言葉自体が目標になることはない。
・支援する ・協力する	・助言する ・調整する	目標達成の主体が他者依存になるような表現は避ける。
・極力 ・できるだけ ・必要に応じて	・可能な限り ・なるべく	「できることだけやる」というのでは目標にならない。 「どこまで（どの程度まで）できればよいのか」「どういう状態にもっていくのか」を はっきり意識すること。成し遂げるべき成果を特定すること。
・積極的に ・臨機応変に	・強調して ・迅速に	精神論や気持ちを記述することは達成基準を曖昧にし、 事実の評価を妨げる。
・効率化する ・安定化する ・強化する ・推進する ・検討する ・勘案する	・明確化する ・共有化する ・向上する ・図る ・考慮する	具体的な内容が記述されていれば構わないが、 漠然と「○○化する」と表現してあるだけでは達成基準にならない。 何をもって達成したとするのか、 どのように○○化するのかはっきりしない場合には、 ほかの表現を考えてみる。
・等 ・ｅｔｃ		目標の範囲を曖昧にさせる表現は避ける。

せん。「支援する」とか「協力する」「調整する」は主体性がなく、他者に依存するような表現です。「極力」「可能な限り」では目標になりません。成し遂げるべき成果を特定しない限り達成はできないでしょう。「積極的に」「迅速に」など、精神論や気持ちの表現は達成基準を曖昧にして、事実の評価を妨げます。「効率化する」「明確化する」「図る」「推進する」「検討する」も具体的な内容が記述されていない限り、達成基準になりません。「等」もNGで、目標の範囲を曖昧にさせてしまいます。

こうして見ると、世の中や会社の中に出回っている文章の多くはNGワードを多用していることがわかります。言質や責任を取られないように、曖昧にするためでしょう。だからこそ、本気の目標設定では決して使わないようにしましょう。

目標の評価は4段階にします。なぜなら、5段階にすると、真ん中の「普通」に偏りやすくなるからです。4段階ならば、4は「記載内容の実行ができており、目標を見直すレベル」、3は「及第点」、2は「記載内容の実行はできたが、習慣化されていないレベル」、1は「まったくできていない」と明確に評価できます。

行動目標を読むだけで働きぶりが見えてくる

行動目標の書き方ですが、例えばA－1「ビジネスマナー」で、顧客への電話対応を改善するという目標を設定した場合、「お客様からの電話にはすぐ出るように努める」という行動目標では完全にNGです。

見本として例を挙げると、以下のような行動目標になります。

「電話取りを徹底するために目につく場所に貼り紙をし、1か月に1回は注意喚起を行なう」

「1日に電話を取る件数の目標を立て、何件電話を取ったかの報告を行ない、達成できた場合とできなかった場合の理由の記載を必ず行なう」

「電話対応は即座に行ない、空いている時間は1本でも多くの電話に出る」

このように具体的に目標設定しましょう。

それでは、土井さんの「コンピテンシーシート」を見てみましょう。

土井さんは項目として、以下のように6つ選び、優先順位をつけました。

A−6　徹底性
C−8　顧客拡大力
A−3　几帳面さ
E−1　専門知識・革新技術の習得
H−3　部下・後輩の指導・育成
B−6　自己革新（啓発）

コアコンピテンシーから3つ、専門コンピテンシーからふたつ、マネジメントコンピテンシーからひとつ選んでいます。配分として、いい感じでしょう。

行動目標を見てみると、「顧客拡大力」では「お越しいただいたお客様とは可能な限り、名刺交換し、3日以内にはお礼状を送付する」と非常に明快です。

「部下・後輩の指導・育成」では「次の店長を育成するために、毎週月曜日の2時間を社員の育成時間とし、会議を実施する」と、これもわかりやすいです。

土井さんの行動目標を読むだけで、その働きぶりも見えてくるようです。これならば、成果が上がることは大いに期待できます。

3年後の「あしたの履歴書」は、いかがでしたか。あなたの行動目標も明快になったでしょうか。3年後を見据えて、いまをワクワクしながら仕事に励むあなた自身が見えてきたら、「あしたの履歴書」づくりは大成功です。

第7章

目標も進化する「あしたのＰＤＣＡ」

PとDしかやっていない人が多い

目標を立て、コンピテンシーの行動目標をつくったあと、何より大切なのは、実行することです。決してあきらめないという意志の力も必要ですが、もっと戦略的に実行を持続させる仕組みがPDCAです。

PDCAとはプラン（計画）、ドゥー（行動）、チェック（評価）、アクション（改善）の頭文字を取った言葉で、業務を改善したり、目標達成につなげる手法です。計画、行動、評価、改善がひとつのサイクルになっていて、「PDCAを回す」ことで、プロセスをコントロールしながら、目的を達成するのです。

簡単なたとえで言えば、「週3回、30分間ジョギングする」という目標を立てたとして、まず、「月・水・金の朝6時から走る」という計画を立てます。その後、行動し、例えば1か月後に評価・検証すると、12回ジョギングしているべきところを9回しかやっていない。それから、目標12回と行動9回の差3回の発生箇所を特定したうえで、さらに原因を

図28

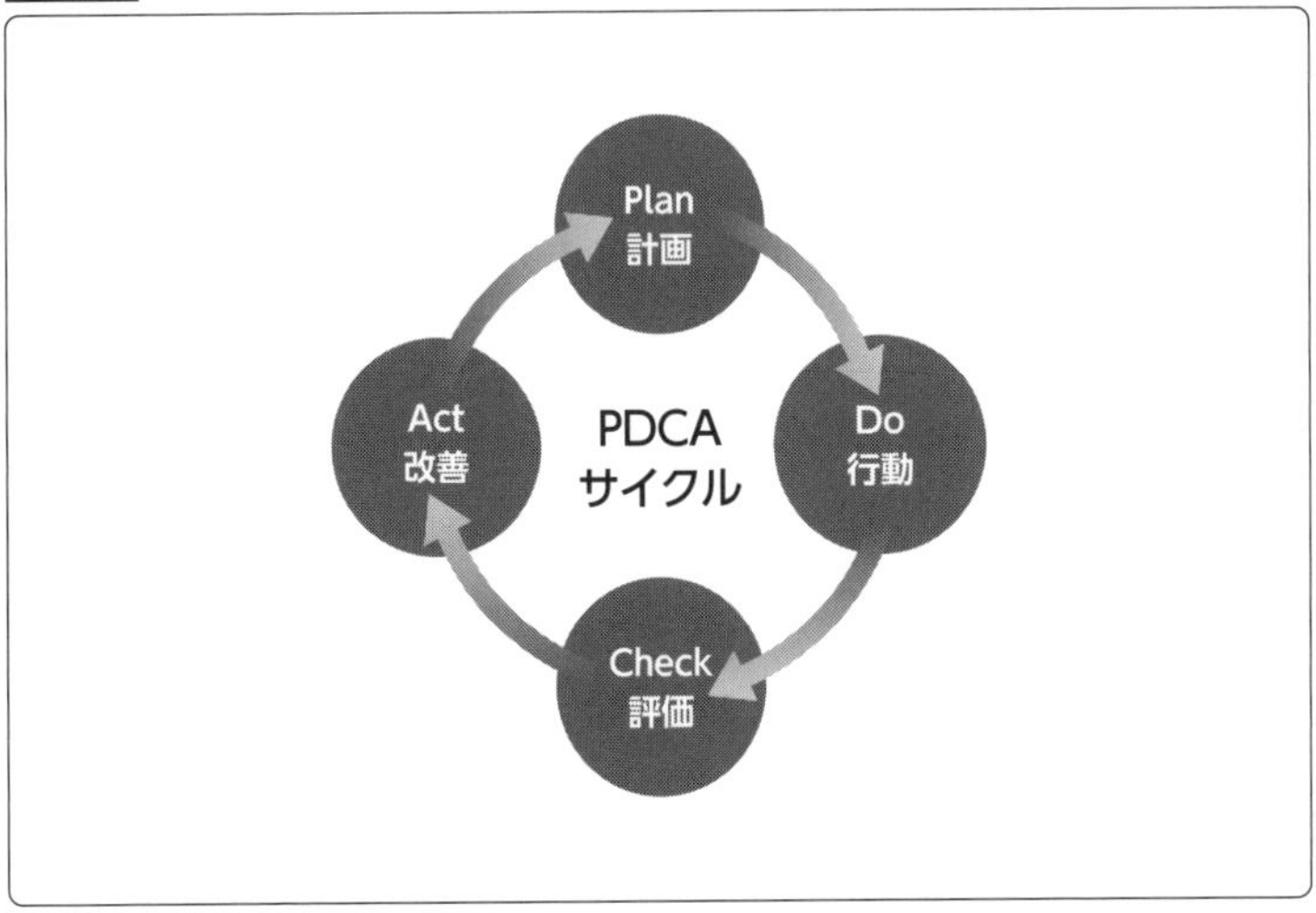

調べ、「火・木・土の朝6時半から走る」と改善策を立てます。これが、PDCAの1サイクルです。これから、さらに行動し、評価、改善を繰り返すわけです。

人は忘れやすいものであり、目標を達成するには、よい習慣化することが必要です。ダイエットでも最近はパーソナルトレーナーのサービスを受けることがはやっていますが、あなたの日々の行動を支え、目標に到達するPDCAの流れをつくることはとても重要です。本書で、その一部を紹介しましょう。

PDCAが目標達成に有効であることは

誰もが認めるところですが、なぜうまく回すことができないか。それは、多くの人が「P↓D」になってしまっているからです。つまり計画を立てて、やりっ放しで終わってしまうのです。組織も個人もこのパターンが多く見られます。

PDCAがP↓D、P↓Dで終わってしまうことが多いのは、Cのチェックができていないことが原因です。特に、何を評価、検証していいかわからなければ、サイクルは回りません。ここで重要なことは、PとDの間のギャップや差を検証することがCだということです。

簡単に言えば、100%の目標に対して80%しか行動できていなければ、なぜその差の20%が発生したのかを検証しなければなりません。

会社の場合、売上げ目標値に対して20%足りないのは、どの営業グループの実績が悪いのか、あるいはどの地域の営業所がうまくいっていないのか、さらに季節ごとではどうか、朝と昼ではどうか、平日と休日ではどうかなど、差がどこで発生したのか、その原因を見出すことが重要です。

個人の場合は、事例に登場してもらった工藤さんをモデルとして説明しましょう。

法人営業担当の1か月間の目標設定が1億円だったとして、2000万円の不足が発生したとします。

まずは、現状の分析です。担当エリアのどの地域で実績が落ちたのか調べ、それがBエリアだとわかり、その中で担当するどの業種の顧客がよくなかったのか。さらに、どの保険商品が振るわなかったのかを明らかにします。

次に、原因を調べます。落ち込んだ業種が小売りだとして、それは景気低迷の影響なのか、あるいは担当していた代理店の人手不足のせいなのか。調べた結果、成績優秀だった代理店の社員が退職していたことがわかったら、代理店の立て直しというA（改善）を行ないます。これで、ＰＤＣＡが1サイクル回りました。このサイクルを続けていくのです。

数値目標でなくても同じです。例えば、証券アナリストの資格取得を目的として、試験勉強しているとします。出題項目が3つあり、計画的に勉強を進めた結果、予定した期間内にふたつまでしかできなかった。なぜ、残りのひとつができなかったのか。現状を分析した結果、通勤中の電車の中でテキストを読むことはできましたが、電車内ではできない練習問題に予想以上の時間がかかってしまったことがわかりました。

それならば、テキストは電車の中で読み、自宅では練習問題を中心に勉強するようにスケジュールを組み替え、再度行動に移します。これが、本当のPDCAです。

「あしたのPDCA」で目標達成を支援

MVP倶楽部の「あしたの履歴書」講座では、MBO・コンピテンシーシートの目標を達成するために、クラウド上で支援しながらPDCAを回すことをサポートしています。

まず、目標が達成されない一番の原因である、期日管理をサポートします。目標設定期日の1週間前にメールでアラートを流したり、初めは慣れない目標の記入の仕方も、あとから振り返って何が課題であったかわかるよう、記述内容もシステム上で添削します。また、目標の自己評価が終われば、キャリアカウンセリングの資格をもった社員がより目標に近づくためにはどのような課題設定が必要かなど、相談に応じてアドバイスしています。

あしたのチームでは、10年間にわたる企業内の目標管理制度の運用を通して、前述したように、これまで1000社10万人以上の1000万項目に及ぶ目標の設定、モニタリング、遂行支援を行なってきました。このノウハウは、個人向けの「あしたの履歴書」講座にも投入されています。第6章に掲げたコンピテンシー一覧やNGワードもそのひとつです。

これまで企業内の人事評価業務は、集計など手間がかかり、曖昧で不透明な部分も多く、形骸化していた面がありました。あしたのチームでは、「コンピテンシークラウド」という独自開発のAIも搭載したクラウドシステムを運用し、人事評価制度の構築、導入、運用を「おせっかい」と思われるほど、先回りして支援するサービスを提供しています。

これによって、従来のように評価シートを回収したり、エクセルを使って人力で集計しなくても一元的な管理が可能になり、進捗や調査結果のリアルタイム集計、各人の評価シート一覧表示など、タスクリストで見える化できるようになりました。

過去の調査結果やフィードバックなども確認でき、社員の人事評価に対する納得感が生まれ、モチベーションもアップします。

「あしたのPDCA」では、四半期（3か月）ごとに区切り、第6章で説明したように4段階でチェックします。目標設定後、1か月で振り返り、セルフチェックを行ないます。

企業ではこれに上司のレビューコメントも入りますが、セルフチェックだけでも効果があります。もちろん、「あしたの履歴書」講座であれば、プロである私たちも適宜アドバイスを行ないます。

このアドバイスをし続けるサービスが重要で、これがあるからこそ、短期間で目標設定スキルが上がり、目標実現が促進されるのです。実際の目標設定はそれほど簡単なものではなく、ＰＤＣＡを回していきながら進化していくものであり、「あしたのＰＤＣＡ」を提供するのもそのためです。

目標が達成したかしないかで、アドバイスする内容は大きく変わります。目標が達成していれば、「達成できた要因は何か」「もっと目標に近づくために必要な課題は何か」という問いかけになりますし、目標が達成していなければ、「達成できていない要因は何か」「目標を達成するためには何が必要か」という問いかけになります。

「あしたのPDCA」は目標も進化する

通常は、どんな人でも最初のコンピテンシー目標は抽象的な文章を書く人が多いのですが、だんだんと具体的に何をすればよいか掘り下げられるようになるのです。「あしたのPDCA」のサービスを受けた方々の目標設定が四半期ごとにどのように変化したか、いくつか事例をご紹介しましょう。

【事例1】

C－3「プレゼンテーション力」

1期目「会議やメーカーのプレゼンを観察して営業に結びつける」

↓

2期目「仕入れ先の会話の中や交渉時の中から、説得力を学ぶ。他業種の知識や売り込む力など、書籍やネットなどからよいところを学ぶ。そのためには重要部分などを書き写したり、コピーをしたりして、自らの資料にする。日常業務の際に、それらを取り入れ、実践できるように心がける」

↓

3期目「会議ではメーカー様のプレゼンのよいところをメモし、声の大きさや視線、資料、どこに力を入れているかについて考える。自分が新規開拓する際には、売りたい商品を明確にし、自信をもって販売するため、それらのメモをヒントに実践して、説明を行なう。また、製品資料を熟読し、特徴、他社との比較、PRポイント、値段を把握し、どんな質問にも答えられるように日々目を通す。会社の経歴書を熟読し、社員数、年商、在庫の種類、取引先の数など、刻々と変化する状況を把握する。書籍や、実際のプレゼンテーション、研修などに参加し、上手な方に指導を求め、心得や方法を学ぶ」

1期目から比べると、大きく変化したことがわかります。「会議を観察する」だけだった目標が「プレゼンのよいところをメモし、声の大きさや視線、資料、どこに力を入れているか考える」と具体的になりました。また、新規開拓のための準備も明確になっています。

【事例2】

D－2「チーム精神の発揮」

1期目「周囲の人の行動や仕事を観察し、意見を聞き、営業に役立てる」

↓

2期目「品違いでの急ぎの時は、販売員が配達業務を買って出る。クレームの場合は、販売員の相談に乗り、支店長の意見を参考にして、謝罪する。業務の方の見積もりや電話対応、クレームの相談に乗り、適切な回答を促す。整理・整頓を心がけ、資料やカタログがすぐに取り出せるようにしておく」

↓

3期目「お客様に対応する際は、自分が会社の代表なのだという意識で、『お電話ありがとうございます』と感謝の気持ちを伝え、迅速に対応する。お客様を常に待たせないように心がける。販売員が、品違いで急ぎの時は、クレーム処理を買って出る。その際、心からの謝罪をし、またご購入いただけるように誠意をもって応対する」

最初は「周囲の人の行動や仕事を観察する」だった目標が、だんだん具体的になり、3期目には顧客対応が目に見えるような目標になりました。これならば、誰もが評価しやすいので、目標達成も実現性が高まるでしょう。

【事例3】

G－3「情報の伝達」

1期目「取引先や営業訪問での話は、会議で伝える」

↓

2期目「1か月行動予定表を作成し、訪問予定を記入する。また新規店に訪問できない時は、翌月に訪問する。見積書のコピーを持参して商談に臨む。見積書の補足事項も熟読し、お客様に再度アピールする」

↓

3期目「営業の際、訪問先へ提出した見積書を後追い確認する。見積書は必ず持参し、商談に臨む。出張より帰宅の際は、すべての見積書を確認し、お得意先にすぐに受け答えができるように暗記する。製品見本を社用車に積んでおき、商談時には見本と一緒にPRする。上司に売れる方法を学ぶ」

1期目は、単に営業先での話を会議で伝えるという目標でしたが、3期目になると、見積書が営業でのカギだと気づき、訪問先への見積書の扱い方がずいぶん具体的になりました。「情報の伝達」というコンピテンシーが、社内から顧客先へ向くようになり、大きく改善しました。

【事例4】

B－1「行動志向」

1期目「困っている人がいたら、進んで手伝いや意見をする」

↓

2期目「品出し、荷受け、商品の陳列、清掃など倉庫作業を進んで手伝う。新商品のカタログ見積書を作成する。新規メーカーを獲得する」

↓

3期目「お得意先では、訪問時に在庫の数量確認、棚の整理、カタログの補充を行なう。常に、品受け、見積もり作成、見積もり金額の取り決め、カタログの整理や補充を頭に入れ、行動に移す。いつ誰が来てもいいように、整理整頓と清掃を欠かさない。クレームの際には、上司や相談役に対応を問い、お客様が納得のいくまで意見をいただく」

「困っている人がいたら手伝う」というレベルの目標設定が、2期目で倉庫作業と見積もり作成に具体化し、3期目では「在庫の確認や棚の整理」、見積もりのさらに詳細な約束に加えて、整理整頓まで行き届くようになりました。

成長の定点観測ができる

「あしたのPDCA」は、新入社員を育てる際にも大きな力を発揮します。

ある企業の企画グループで営業職にある松岡大輝さん（仮名）は、現在4年目の社員です。入社した当時の行動目標は、「朝、元気にあいさつする」「約束の時間に遅れない」「先輩にホウレンソウする」など、初歩的なことばかり記載されていました。

こうした段階をクリアすると、少しずつ高度な項目が記載されるようになります。この時、更新は半期ごとで、四半期ごとに「中間面談」を実施しました。松岡さんは、次のように語っています。

「最初の頃は『今日はこれができたね』『この部分はまだだね』みたいに言われる面談が多かったです。いまは、自分がなりたい姿と現実の差を考え、上司に意見を仰いだりもしています」

求人広告の営業の仕事について松岡さんの話を聞くと、なかなかハードな日常が垣間見えます。

「お客様へのアプローチの方法は、電話、訪問などいろいろあります。弊社の場合、担当エリアが決まっているので、一軒一軒飛び込みで回るところからスタートしました。オフィスビルのエレベーターで最上階まで上がり、ドアをノックし、『○○です。人事の方はいらっしゃいますか』。『社長様、いらっしゃいますか』。名刺交換ができたら『求人ありませんか』。そして階段で1階ずつ下りて、各フロアのすべての会社を巡って、隣のビルへ行く。そんな感じですね」

このようにしらみつぶしに訪問しても、「ちょうど求人したいところだった」という会社に当たる確率はかなり低いのが実情。

「丸1日かけて200軒回って、1件も取れない日も少なくありませんでした。でも、同じ会社に二度、三度と足を運ぶうちに、先方の担当者に『すてきなネクタイですね』と言えるようになったり、『甥っ子に似ているな』と言ってもらったり、少しずつ関係ができていきます。時には『お土産をおもちしました』と、その会社の業界について掲載された新聞をおもちしたりします」

アナログで地道な訪問を積み重ねた結果、得意先ができるのです。業界情報を「手土産」にするとは、さすが。その業界のことを猛烈に勉強するのだろうと、想像に難くありません。

「必死でやってきました。まだまだですが、いま約70社を担当しています。その時だけの求人ではなく、長期的に人材をどう確保するかといったご相談を受けるようになった会社や、事業所単位ではなく全社的な求人を頼まれるようになった会社もあります。目標の売上げと期日が設定された中で、年内に何人、月単位で何人の採用が必要かと提案するなど、お客様の要望を聞きながら進めています」

現在の松岡さんのコンピテンシーは、「誠実さ」「徹底性」「顧客拡大力」「顧客維持力」の4項目で、それぞれ「レベル1」から「レベル4」まで具体的な内容が書かれています。

一例を挙げると、次のようになります。

「顧客拡大力」の「レベル1」は、「顧客に対して現行品の対応だけはしっかりしている」

「レベル2」は、「顧客から現行品以外の情報を入手し、上司と相談しながら対応している」

「レベル3」は、「顧客から現行品以外の情報を入手し、ひとりで問題なく対応している」

「レベル4」は、「自社・他社の情報を総合的に把握し、いま当社が最も売り込みたいものを顧客に合わせて企画提案している」

松岡さんはこう語ります。

「一つひとつが具体的なので、自分のことを振り返って客観的に考えることができます。自分では気づかなかったことに気づかされる。自分の変化がわかって、ありがたいです」

このようにコンピテンシーがあり、ＰＤＣＡサイクルを回すことで、成長の定点観測ができるのです。

「入社した頃といまでは目標が違うので、コンピテンシーは成長の記録だとも思います。自分自身のことで、精一杯だった時期から、いまは『後輩にどれだけ声かけができるか』の時期に来ています」と語る松岡さんは新入社員時代から比べて、たった4年で大きく成長しました。コンピテンシーの設定とＰＤＣＡがその成長を支えたのです。

「週次PDCA」を使って長中短期を同時に見る

最後に、図29の「週次ＰＤＣＡ」を解説しましょう。これは、「あしたの履歴書」で目標設定した人が、さらに週次レベルでＰＤＣＡサイクルを回していく場合に使っているものです。このシートでは長期、中期、短期の目標と成果を同時に見ることができるので効果的です。

まず、シートの右上から見てください。ここに10年単位の長期目標を書き入れます。次に左上に、その年の月次での目標や結果、中段は、今週に加えて前々週から翌々週まで5週の目標や結果、左下はその週の日次での出来事の確認、そして右下には週次ＰＤＣＡと

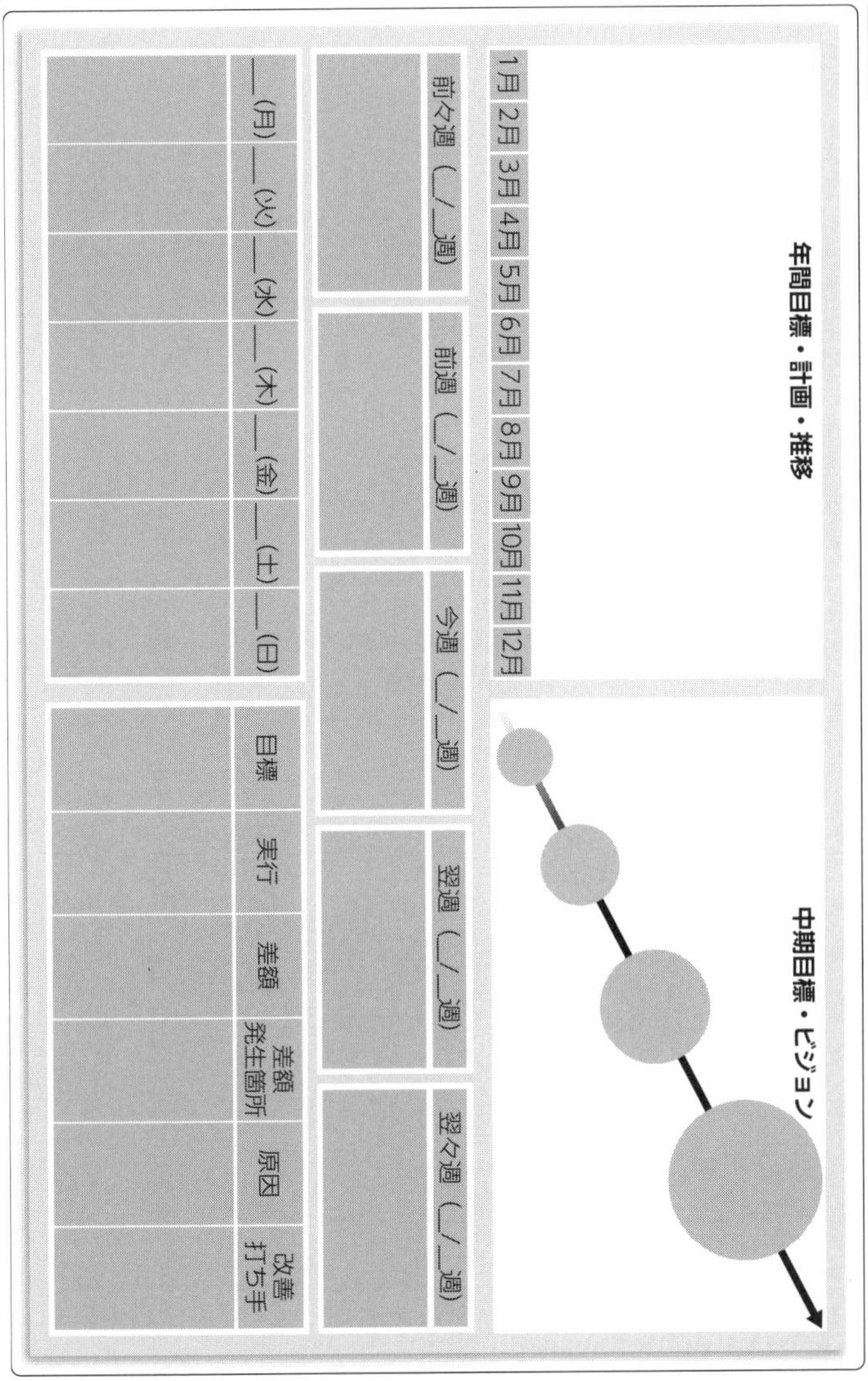
年間目標・計画・推移
1月
2月
3月
4月
5月
6月
7月
8月
9月
10月
11月
12月
中期目標・ビジョン
前々週（_/_週）
前週（_/_週）
今週（_/_週）
翌週（_/_週）
翌々週（_/_週）
__(月)
__(火)
__(水)
__(木)
__(金)
__(土)
__(日)
目標
実行
差額
差額発生箇所
原因
改善打ち手

図29 週次PDCA

いう5つのパートからできています。

年次、月次、週次での目標と成果を同時に見ることができるのですが、PDCAはこれらがすべてリンクしています。大きな目標を常に振り返り、ワクワク感を高めながら、そのうえで週ごとにやるべきことに集中できます。

そして、右下にある「週次PDCA」で、PDCA最大のポイントであったCのチェックを確実にすることを促進させる効果があります。工藤さんの事例を当てはめてみましょう。まず、業務上のPDCAを見て見ましょう。

目標：1億円
行動：8000万円
差額：2000万円
差額発生箇所：Bエリア
原因：代理店の優秀な社員が退職
改善・打ち手：代理店の立て直し

次に、個人的な目標で、証券アナリスト資格の試験勉強のPDCAです。

目標：3章までをやる
行動：2章まで完了
差：3章ができなかった
差の発生箇所：3章に計算問題が多く、計算問題ができなかった
原因：電車の中だけではできない計算問題に費やす時間が取れなかった
改善・打ち手：テキストを読むことは電車の中でやり、自宅では計算問題を中心に勉強することに決める

このように「週次PDCA」シートを使えば、差とその発生箇所、原因というC（評価・検証）を回すための条件がいつもクリアされるので、A（改善）の手も打ちやすくなります。

色がつくまでイメージしよう

高橋恭介が毎日の行動で大事にしているのは、事前にわかっていることは「色がつくまでイメージしよう」ということです。例えば、来週プレゼンテーションを行なうとすると、その際の服装の色からプレゼンテーション資料一枚一枚の背景の色までをイメージしています。スケジュール表に入っている打ち合わせは、打ち合わせ後に、どんな議事録ができるかまで考えて臨んでいます。

つまり、インプロビゼーションのレベルまで自分の身体になじませて、リアルに感情を込めて自分の行動を考えているのです。

「あしたの履歴書」も同じです。「あしたの職務経歴書」やコンピテンシーシートに書いた行動目標は、色がつくまでイメージして自分の身体になじませることです。

工藤さんが「あしたの職務経歴書」で、「投資家へのプレゼンテーションを実行し、身につけたプレゼンテーション能力やコミュニケーション能力で英国最大の機関投資家の要望を引き出し、担当ファンドへの投資を獲得」という目標をインプロビゼーションで演じたことを思い出してください。

私が言う「色がつくまでイメージする」というのは、先に述べたように、この時のプレゼンで使われた資料の中身までイメージできるということです。実際のプログラムにおいても、工藤さんに聞いたところ、「資料の表紙の背景は水色で、そこには顧客と自分に模した人物がスーツ姿でがっちりと握手している写真が掲載されています。ネクタイの色は自分が赤で、顧客が青です」と明快に答えることができるようになりました。そこまでイメージしてこそ、インプロビゼーションの本当の効果が出るのです。再度強調しますが、「あしたの履歴書」において、私たちがここまでイメージに強いこだわりをもっている理由はシンプルです。「イメージできない目標は達成できない」ことが実証研究などでわかっているからなのです。

私たちは、優れた「あしたの履歴書」のことを、「あしたからの絵葉書」「未来からの絵葉書」と呼んでいます。自分の将来の姿が高い解像度で色までイメージできること、その時の自分やまわりの風景が魅力的であること。このような水準にまで、自分の目標を高めていくことを「あしたのＰＤＣＡ」でサポートしていくのです。

このように、「あしたのＰＤＣＡ」では、チェックから行動に移すまでの確実なメソッドを提供しています。行動を起こすときのＰＤＣＡサイクルの始まりは、Ｐではなく、Ｃから確実に実行することが重要です。私たちは、あなたが自律的に立てた目標を実現していくためにいっしょに伴走していくのです。

一日、一日にサプライズはありません。地道な毎日の積み重ねが10年後、20年後、30年後に大きな成果をもたらしてくれるのです。「いま」は30年前の「結果」であり、30年後の「結果」も「いま」何を目標として実行しているかに影響を受けているのです。

第8章

「あしたの履歴書」30年計画編

30年計画は自己実現の目標となる

「人は1年でできることを過大評価し、10年でできることを過小評価する」と世界一のコーチと呼ばれるアンソニー・ロビンズ氏は言っています。

人間とは目先のことはいろいろできると思いがちですが、10年かけてやろうと思うことの計画を立てる人は少ない。しかし、10年後の目標を設定して逆算していくと、何もやらない時に比べて到達できる距離が違ってきます。

「あしたの履歴書」は3年後の目標づくりをベースとしていますが、より高いレベルの自己革新を求めるならば、10年単位で考え、30年後くらいまでの超長期の目標設定が有効です。本章では、「あしたの履歴書」30年計画編を紹介します。

30年計画を立てる意義は、超長期の設定によって発想が広がり、常識というリミッターを外すことができるようになることです。心を解放し、ワクワクするような大きな目標を立てることで、スケールの大きい超長期思考のトレーニングにもなります。また、逆説的ではありますが、実際のプログラムでは、30年計画編の中でインプロ・メソッドを自分のリミッターを外すことにも活用したうえで目標設定を行なっています。

目標の期間が長いと、自己成長だけでなく、社会貢献も含めた目標となります。ビジョンには必ずしも社会性は含まれていませんが、人生の目的であるミッションには必然的にまわりへの貢献が欠かせないので、長期目標ではミッションとビジョンが一致してくるのです。

つまり、インプロ・メソッドで30年計画を立てる勇気をもち、それが進化する力となり、さらには未来を創る力となります。

30年計画では、まず「山のワーク」というメタファーのメソッドを活用して、30年後の目標設定を行ないます。そして、3年後、10年後、20年後の目標も立てた「30年計画ライフ・コンパス」を作成します。さらに、そこから逆算して「3年計画表」をつくります。

第6章でも3年間の計画を立てましたが、30年後から逆算した3年計画も併用して、現在と未来からのサンドイッチ方式で3年間の計画の精度を高めるのです。

図30

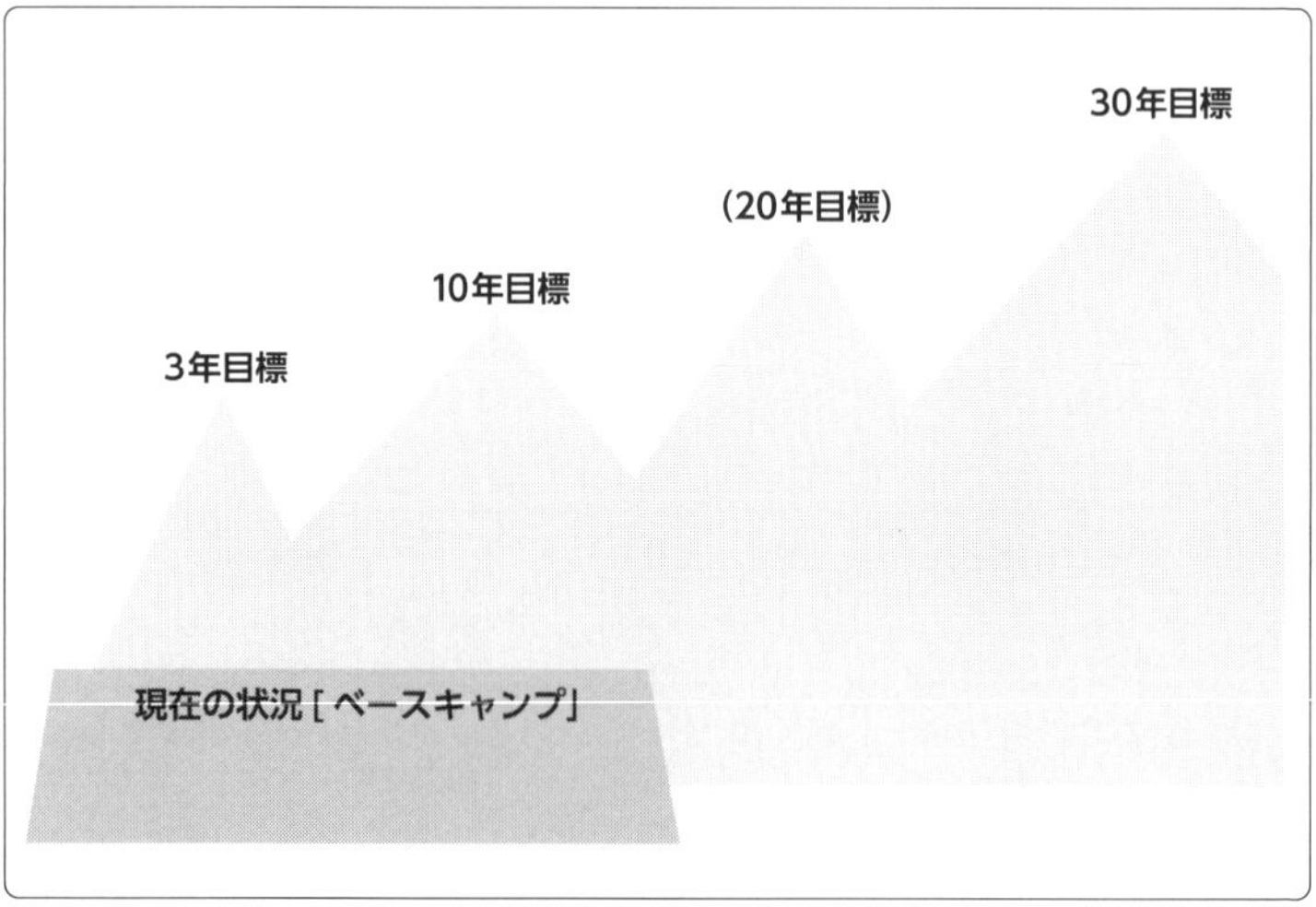

30年計画は、きちんと手順を踏んでいけば、あなたの「あり方の目標」となります。つまり、自己実現上の目標となるのです。

「マズローの欲求5段階説」という、人間の欲求を表わした有名なピラミッド図があります。第1階層「生理的欲求」、第2階層「安全欲求」、第3階層「社会的(帰属)欲求」、第4階層「尊厳(承認)欲求」までは、「不足の欲求」とされ、多くの人が理解していると思いますが、第5階層の「自己実現欲求」だけが「あり方の欲求」とされ、一線が画されています。

この自己実現欲求は、最も高次の欲求であるために通常は潜在意識下にあります。

セルフリーダーシップ論で言えば、「人

としてどのようにありたいのか」というあり方の目標が顕在化されてくると、セルフリーダーシップが生まれ、自律的に自分自身やまわりに対してリーダーシップを発揮できるようになります。

「ミッションマネジメント」というミッションの経営学では、ミッション経営がうまく機能している企業の共通点として、そのミッションが企業や経営者の使命となっているだけでなく、一人ひとりの社員の自己実現上の目標ともなっていることが挙げられます。

掲げられたミッションが、企業の使命や存在意義であるだけでなく、社員一人ひとりの仕事への哲学やこだわり、人としてのあり方の目標にまで高められ、実践されてこそ、競争優位のミッション経営となるのです。

ミッションを壁に掲示したり、朝礼で唱和すること自体に意義はなく、社員が組織のミッションを自分の仕事における目標であると心底から捉えて、自ら行動として実践することに本当の意義があるのです。

30年計画もこのミッション経営と同じで、人としてのあり方が目標にまで高められて、

図31

チェック欄	ミッション策定クライテリア
	自己実現上の目標（人や組織の在り方の目標）となること
	人としての指針が埋め込まれていること
	理にかなっており、誰からも納得される疑義のないものであること
	周りから共感されるものであること
	「強く、好ましく、ユニーク」なものであること
	自分や自社の強みに立脚した自分独自の自分や自社のためのものであること
	STP、特にポジショニングなど事業やマーケティングの事業ドメインも埋め込まれていること
	商品・サービス及び社員の行動にまで一気通貫で練り込まれていること
	人や組織を鼓舞するものであること
	リーダーシップの指針が埋め込まれていること

セルフリーダーシップが発揮されてこそ、自己の市場価値を上げる競争優位性をもつのです。

工藤さんならば、自己の成長とともに、周囲から頼りにされ、周囲に貢献できる人でありたいということが、自己実現の目標となるでしょう。

筆者は、企業のミッションを経営者とともに策定する際の基準として「ミッション策定クライテリア」をつくっています。そのいくつかは個人がミッションをつくる時にも参考になると思いますので、以下に記しておきます（図31を参照）。

・自己実現上の目標（人や組織のあり方の目標）となること
・リーダーシップの指針が埋め込まれていること
・人としての指針が埋め込まれていること
・理にかなっており、誰からも納得される疑義のないものであること
・まわりから共感されるものであること
・「強く、好ましく、ユニーク」なものであること

超長期思考の偉大な3人の経営者たち

私がお付き合いしている経営者で、創業した会社を上場させ、時価総額1兆円以上にまで育て上げた人物がいます。その人を見ていると、成功の秘訣は超長期の大きな夢と小さな努力の積み重ねだとつくづく思います。

努力と言っても、誰もができる当たり前のことをやっているのではありません。たとえて言えば、路上一面に画鋲が敷き詰められていても、ひるむことなくその上を歩き続けら

れるくらいの努力です。

日常的な仕事（ルーティーン）を大切にすること（いわゆる凡事徹底）は重要なのですが、ただ積み上げればいいというわけではありません。目標や夢があって、そこから逆算してやるべきことを努力し続ける。そのために、努力は必ず報われるという信念が重要です。

行動科学的にもわかっていますが、人は潜在意識下の信仰心に近いレベルで何を信じているかでどうかで行動が分かれます。やり続けるか、あきらめてしまうか。危機的な状況になって、対応に困難を極める時でも、信仰心レベルの強い信念があれば、努力を積み重ねていけるのです。

現在、世界のリーダーとも言える偉大な3人の経営者も、超長期目標をもち、現在の地位を築き上げました。それは、アマゾンのジェフ・ベゾス氏、ソフトバンクの孫正義氏、アリババのジャック・マー氏です。

ベゾス氏は、米国テキサス州の山岳地帯に50億円を投資して、「1万年時計」を建設中です。1万年間自動で時を刻み続ける時計で、1万年後の子どもたちが住む未来のために社会貢献したり、環境を保護することを人々に意識させるために発案したそうです。

ベゾス氏は、「シックスシグマ」のような精緻な経営管理や膨大に蓄積されたビッグデータ分析など、ロジカルな経営で有名な創業者です。その一方で、未来志向や創造力に長けた人物でもあり、特に未来をリアルに現実として鮮明にイメージすることで事業展開を行なってきたことでも知られています。書籍から事業をスタートさせたのも、インターネット通販で最初に定着する商品と仕組みをリアルかつ鮮明にイメージしたことがきっかけでした。

アマゾンの事業以外にも、ベゾス氏は宇宙事業にも参入しています。5歳の頃から宇宙に夢を抱き、「自分はアマゾンという大きな宝くじを当てた。その資金を宇宙事業に注ぎ込んでいる。そのためにアマゾンをやっていると言っていいくらいだ」と語っています。

多くの人たちが宇宙に住めるようにするという夢のために、ブルー・オリジンという企業を設立しており、2020年には月への貨物配送サービスを始める構想を発表。すでにNASAと米トランプ政権に提言したと言われています。

ベゾス氏は「地球の将来を考えると、人類の何割かは宇宙に住むことが必要になる時代が到来する。全世界の人口を抑えることは望ましいことではない。それよりも地球と宇宙に別れてそれぞれが望むところに住むほうがいい。いまからずっと先のことかもしれないが、自分はこのようなことに貢献したいと思っている」と言うように、いつも超長期の目標をもち、確実に一歩一歩進んでいます。

孫氏は「人生50年計画」で有名です。20代で名乗りを上げ、30代で軍資金を最低でも1000億円貯め、40代で一勝負し、50代で事業を完成させ、60代で事業を後継者に引き継ぐという計画です。そのとおりの人生を歩み、現在は後継者探しに余念がないようです。
孫氏は、孫子の兵法や坂本龍馬などをモチーフにした「孫の二乗の兵法」を編み出し、独特の戦術、戦略、理念のピラミッドをつくり出しました。これは超長期思考がなければ生まれない考え方です。

2010年には、ソフトバンクグループが「新30年ビジョン」を発表しましたが、なんとその背景には「300年ビジョン」があります。孫氏はこう語っています。
「創業者の私の最も重要な役割は、最低300年続くソフトバンクグループのDNAを設計することです。大きな方向性を定め、その方向性に向かってたゆまぬ努力をすることがいちばん大切。そういう意味では30年というのは単なる一時期でしかなく、創業からの30

年は300年の中での第1チャプター、次の30年というのは第2チャプターにすぎません」

この言葉のあとで、実際に300年後の世界がどうなるか描いています。脳型コンピュータが登場し、高い次元の感情をもった超知性が実現、その超知性コンピュータが人間を幸せにするために共存していく社会をソフトバンクグループは実現したいと言います。

マー氏も「105年続く会社」を標榜し、「アリババのビジョンは、米国、中国、欧州、日本に次ぐ世界第5位のアリババ経済圏を構築すること」と語っています。アリババの流通総額は2017年実績で60兆円、2020年には110兆円を目標（米ドルを110円換算）にしています。2016年の流通資産総額では、すでにウォルマートを超えて世界最大になっており、その言葉もただの夢ではありません。

マー氏は、アリババが中国政府の国策である中国版IoTや中国版第四次産業革命を担うとも表明し、「社会的問題を社会インフラ構築で解決すること」がミッションであると明確に述べています。

マー氏はチャイニーズ・ドリームの象徴であり、中国では英雄として尊敬を集めています。有言実行の人物、ミッションリーダーとして知られ、「中国のため、世界をよりよい場所にするため」という発言を繰り返して、中国の若手経営者やビジネスパーソンに「自分たちもそのような使命感で事業をしたい」と大きな影響を与えています。

彼らはみな、超長期の目標をもち、何があっても決してあきらめません。遠い先の目標から逆算していまやるべきことを設定し、短期間で超高速のＰＤＣＡを回しながら、一歩一歩たゆまず目標に近づいているのです。

「大きな円の弧」こそ、ミッション

２０１７年７月に、１０５歳で亡くなった聖路加国際病院理事長の日野原重明氏は、その著書である『「幸福な偶然（セレンディピティ）」をつかまえる』（光文社）の中で、「大きな円の弧になる覚悟」という意義深いお話をされています。日野原氏が父親から教えてもらった言葉（英国の宗教詩人ロバート・ブラウニングの詩の一節から想起したもの）で、

図32 大きな円の弧

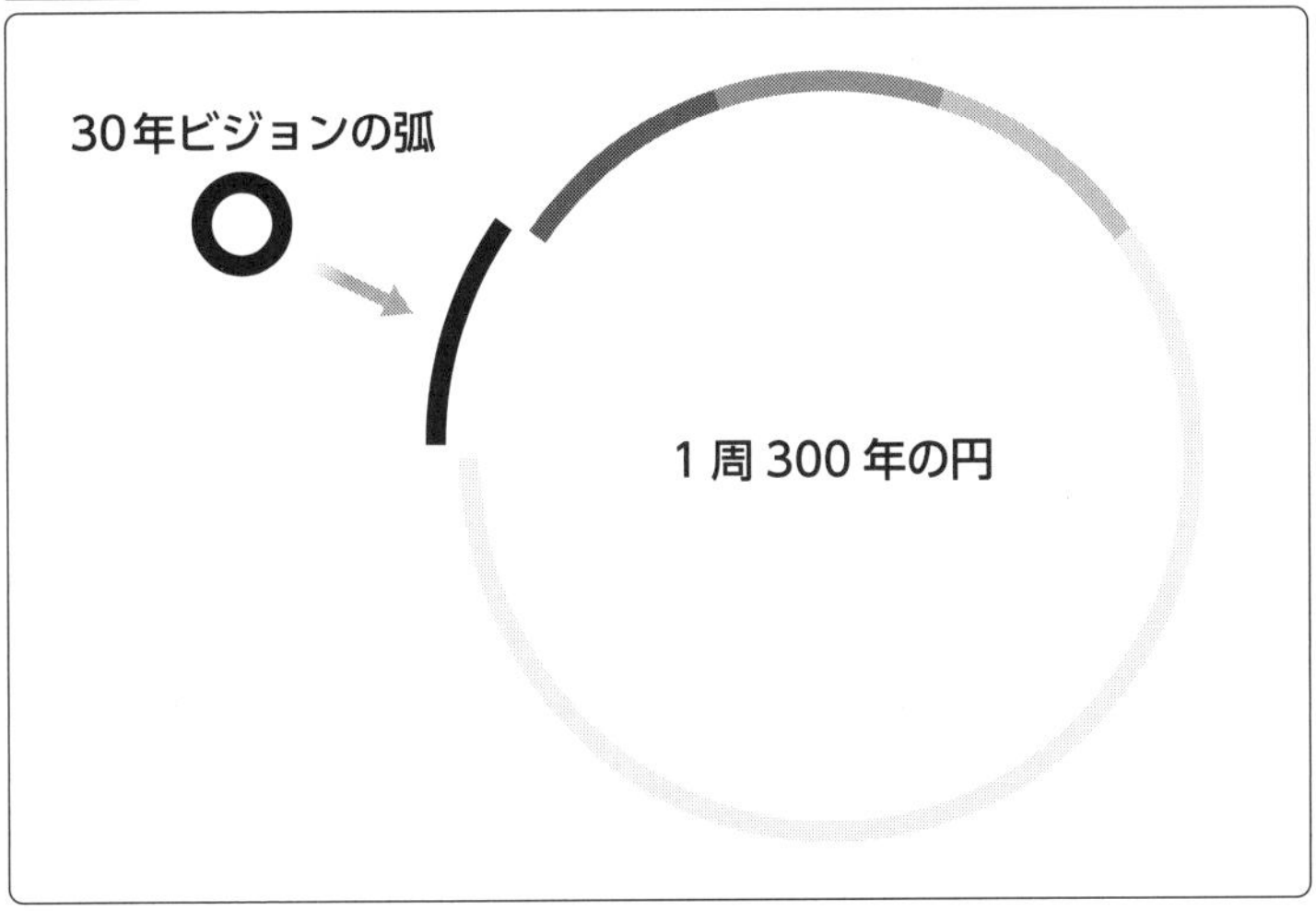

生きるうえでの大切な指針となったそうです。その言葉を引用します。

「何でもビジョンは大きくしなさい。天空に大きな円を描きなさい。その円は、あなたの代で完成することはできないかもしれない。でも、あなたはその大きな円の弧になることができる。小さな円だったら、自分一人で描ききることができるでしょう。しかし、それは小さな小さな円でしかない。大きな円は、次に従う人さえ作っておけば、大きな円として実感されるのです」

自分の代では完成できない大きな事業に取り組む姿勢とスケールの大きな大局観は、現在生きている人たちだけでなく、これから生まれてくる人たちも考えたうえでのことでしょう。「1万年時計」のジェフ・ベゾス氏、「300年ビジョン」の孫正義氏、「105年続く会社」のジャック・マー氏、いずれも自分がひとりで事業をやり遂げようということではないのは明らかでしょう。

人は、人生のどこかのタイミングにおいて、自分自身にとっての「大きな円」とは何であったのかを再認識するタイミングがくるのだと思います。自分にとっての「大きな円」を再度定義し、現在もその「大きな円の弧」の重要な一部分であることに気づいた時、大切なのは状況そのものではなく、その状況に対していかに向き合っていくのかであることに同時に気がつくのではないでしょうか。

そして、この「大きな円の弧」こそが、人生の目的であるミッションとなるのです。

「山のワーク」でミッションが見えてくる

さて、それでは30年計画をつくっていきましょう。まず、「山のワーク」を行ないます。

メタファーを使って問いかけることにより、あなたの潜在意識下のミッションやビジョンが現われてくるはずです。

実際に「山のワーク」を使って「山登り」をしていただく前に、もう少し準備として「山登り」について説明しておきましょう。ここからは「　」を使っている言葉は、メタファーだと思って、その言葉から連想されたイメージや想起された言葉を書きとめておくことをお勧めします。

「山登り」においては、まずは「登る山」を決めていきます。目標とする山の「山頂」に何があるかをしっかりとイメージしておくことも重要です。次に「登る山」を決めたら、どのようなルートで登るのかを決めていきます。そして「山登り」において最も重要なことは、「何のためにその山に登るのか」を見極めることなのです。「山登り」には、しっかりとした準備が必要です。あなたが「山登り」をするために必要な「登山用具」には何があるでしょうか。「登山靴」「衣類」「バックパック」「ヘッドライトやランタン」「炊事道具」「テント」「寝袋」などが必要になることでしょう。最も重要なのは、「地図」や「コンパス」かもしれません。共著者の私たちにも、現在までの「ベースキャンプ」にたどり着くためにはさまざまな苦難・葛藤や紆余曲折がありました。でも、ふたりに共通しているのは、それぞれが30年計画を立てた時点において思い描いた、「30年後はどのような人物でありたいか」というあり方の目標が、「山登り」における「コンパス」や「北極星」の役割を果たしてくれているという確かな実感なのです。「途中で経由してきている山」や「ルート」は変更になっても、30年計画で立てたミッションは変わっていないのです。

「山登り」には、手軽に楽しむ「ハイキング」、「山頂」を目指す「通常登山」、「専門能力」が必要な「本格的登山」の3種類があります。登る山やコースにも、高尾山のような手軽な山から、霧ヶ峰の車山ルートのような「初級」、白馬岳の大雪渓のような「中級」、甲斐駒ヶ岳の黒戸尾根のような「上級」があります。30年かけて「エベレスト」を目指したいという人もいるかもしれません。

「山登り」に取り組むためには、現在あなたがいる「ベースキャンプ」の状況が重要です。「きのうの履歴書」と「きょうの履歴書」を完了させて、しっかりと自己肯定感をもてているところで「山登り」を始めるようにしてください。

「登る山を決めること」は、あなたのキャリア・デザインの方向性を決めることになります。「山頂」をしっかりイメージすることは、あなたのキャリア・ビジョンを定めることにつながります。そして、あとで述べる「人生ストーリーにミッションを入れる」「人生ストーリーにセルフブランディングを入れる」「人生ストーリーにプロットを入れる」という作業によって、あなたの長期での目標とキャリア・ビジョンとがあなたのミッションと統合されてくるのです。

それでは、いよいよ「山のワーク」を始めていきましょう。まずは目を閉じて、深呼吸を深く、深く3回して、全身の筋肉を完全に緩めるような気持ちでリラックスしてみてください。そして、頭の中に山をイメージしていきます。

問1：あなたの進路にはいくつかの山がありますが、それぞれ何の山ですか？
問2：あなたはどの山を登りたいですか？
問3：それはどうしてですか？

土井さんの事例から見て見ましょう。土井さんは、こんな山を思い浮かべました。

問1の回答：「このままお店にいる」「興味のある食材を研究する」「自分でも食材つくるところから始める」という3つの山があります

図33

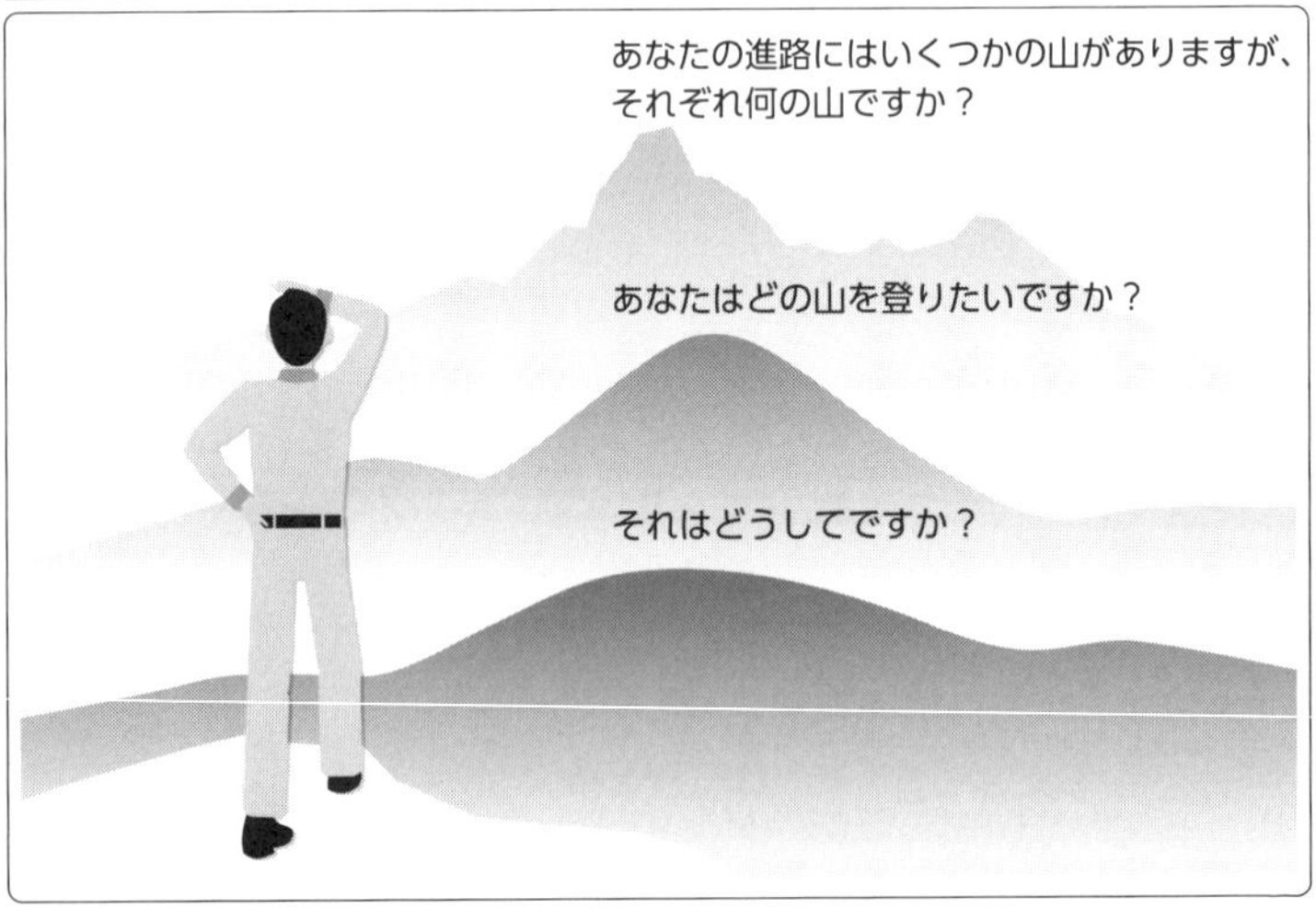
あなたの進路にはいくつかの山がありますが、
それぞれ何の山ですか？
あなたはどの山を登りたいですか？
それはどうしてですか？

問2の回答：最後は自分でもつくるという山

問3の回答：本当に食材にこだわったら、自分でつくるところから関係したほうがいいと思うから

続いて、登ることを選んだ山について、4つの問いかけをします。

問4：あなたが選んだ山は何の山ですか？

回答：最後には自分でおいしくて安い食材をつくる山

問5：その山の頂上には何がありますか？

図34

あなたが選んだ山は何の山ですか？
その山の頂上には何がありますか？
頂上に向かうには複数のルートがあります。あなたはどのようなルートで頂上を目指しますか？
それはどうしてですか？

回答：お客様や関係する人たちの笑顔

問6：頂上に向かうには複数のルートがあります。あなたはどのようなルートで頂上を目指しますか？

回答：まずは本社の食材調達部に転勤となる。時間がかかってもいいから必要な勉強をする

問7：それはどうしてですか？

回答：自分が本当にやりたいことだから、時間がかかってもかまわない

土井さんのミッションは、お客様を笑顔にしたいということでした。そのためのビジョンは、自分で食材をつくることです。

続いて、工藤さんの山のワークです。

問1の回答：「保険営業でがんばり続ける」「本社運用部に行く」「別の会社に移る」
問2の回答：まずは本社運用部に行く
問3の回答：プロとしての経験をもちたいから
問4の回答：最後にはこの会社の頂上まで登りたい
問5の回答：社長
問6の回答：まずは運用部門のプロとなり、そこでの責任者を目指す
問7の回答：会社自体は好き。世の中に大きな影響を与えている会社

工藤さんは山のワークによって、目標設定する本当の意義が「企業財務のプロになる」ことだと気づきました。仮にポートフォリオマネジャーになれなくても、いまから勉強しながら企業財務のプロになり、お客様に貢献することができるとわかり、モチベーションが上がりました。

目標設定は、いまここにいて、やりたいことは本当は何なのか、明確にしてくれること

に大きな意義があるのです。そして、自分のあり方の目標、自己実現上の目標となることがより重要なのです。なぜなら、それがあなたにとっての日々の行動指針となり、あなたの「いま、ここ」に役立つからです。

工藤さんも3年後までの経歴書だけでは、真にやりたいことに気づきにくかったのですが、30年計画を立てることで、それが見えてきました。次のワークで工藤さんはさらに目標を進化させるのですが、まずはこの点にも長期計画を設定する意味があるのです。

最後に、福井さんの山のワークです。

問1の回答：「このままいまの会社でがんばる」「自分で起業する」
問2の回答：最後は起業して上場まで果たしたい。でも、いまはまだこの会社で取締役までやり抜く
問3の回答：それが自分にとって正しいプロセスだと思うから
問4の回答：最後には自分で起業し、上場させ、業界自体を発展させ、事業から社会に貢献する山

問5の回答：ブライダルアドバイザーの仕事を通じて少子高齢化対策に貢献している自分の姿

問6の回答：未婚男女に結婚のアドバイスをしていくブライダルアドバイザーという仕事を日本で創造する

問7の回答：ブライダルをビジネスにするだけではなく、顧客に本当に貢献したいから

福井さんは、最初の大手企業、現在のベンチャー企業を通じてブライダル業界を継続して担当してきており、少子高齢化という社会問題に自らの仕事を通じて取り組んでいきたいという目的意識をもってきました。福井さんは、まずは現在勤務している会社で、2社を通じて培ってきたブライダル業界全般への幅広い人脈を活かして新規事業を立ち上げたいと決意しました。手軽に低価格で優れた結婚式を挙げるという「スマ婚」という分野で事業開発を成功させることで現在の会社で貢献したいと決意したのです。「最後は起業して上場まで果たしたい。でも、いまはまだこの会社で取締役までやり抜く」と決意を新たにしたのです。

福井さんは、「山のワーク」を通じて30年後に「自分が立ち上げた業界のリーダーにな

る」という目標を立てました。日本にまだ確立されていないブライダルアドバイザーの仕事をかたちにして、顧客や少子高齢化対策に貢献したいというミッションとビジョンが見えてきたのです。福井さんが構想しているブライダルアドバイザーとは、結婚を決めたカップルに対するウェディングプランナーの仕事とは違い、まだパートナーがいない男女に新たなサービスを提供していく仕事とのこと。「自分自身の手でブライダルアドバイザーを確立していけば、きっと自然に業界のリーダーになっていく道も拓けてくる」。福井さんは、まだ立ち上がってもいない新たな業界を育てていくことで少子高齢化をという社会的問題に取り組んでいきたい、それを主導できるような人物になりたい、そのために必要なコンピテンシーを高めていきたいと目標設定したのです。

30年計画を立てる段階からデーモンを想定しておく意義

ここでもう一度、工藤さんの山のワークを見てみましょう。

問1の回答：「保険営業でがんばり続ける」「本社運用部に行く」「別の会社に移る」
問2の回答：まずは本社運用部に行く
問3の回答：プロとしての経験をもちたいから
問4の回答：最後にはこの会社の頂上まで登りたい
問5の回答：社長
問6の回答：まずは運用部門のプロとなり、そこでの責任者を目指す
問7の回答：会社自体は好き。世の中に大きな影響を与えている会社

どの山を登るにしても、それぞれの山の頂上に行くには、どのような困難（「デーモン＝ハードル」）が待ち受けているのか、事前に想定しておくことが必要です。そのために、前述した「ヒーローズ・ジャーニー」を活用します。

ヒーローズ・ジャーニーの要領に従って、ストーリーやキャラクターを設定していきます。「主人公」「メンター」「デーモン」「武器」「仲間」「変容」の順に設定します。

工藤さんの場合は、こうなりました。

「主人公」：自分自身
「メンター」：1年目で自分の指導担当だった、いまは本社の海外保険事業部で働いている村田先輩
「デーモン」：希望する株式運用部に転勤できなかった場合のこと
「武器」：企業財務の知識や経験、顧客から信頼を得る力
「仲間」：いまの職場の同期・先輩・後輩
「変容」：自分の成長だけを考える自分から仲間の成長やまわりの貢献を考えられる自分への変化

ヒーローズ・ジャーニーによって、特にどのような困難を乗り切る必要があるのか、その困難にはどのような意義があるのかをプロセスを通じて明確にしていきます。それは「英雄の物語」においても、実際の人の人生にも、必ず困難が待ち受けているからです。それを目標設定した段階から想定しておくことで、目標実現や本当にやりたいことを再発見する機会にするのです。

工藤さんは、「デーモン」については、これからどれだけがんばって評価されたとして

も、大きな会社である以上、希望が常に叶うとは限らないということを挙げました。本社の株式運用部という花形セクションに異動するには、自分の希望や努力だけではできないからです。

しかし、このプロセスを通じて、本当は自分が株式運用部に行きたいと思ったのは財務のプロになりたいということが裏側に隠されていたことに気がつきました。いまの営業拠点にいたままでも、財務のプロとなって顧客の経営者の相談に乗ることができる、顧客の経営者の役に立つことができる、そして、自分が成長するだけではなく、結局は誰かの役に立てることが大切であると気がついたのです。

「仲間」という設問を考えることで、工藤さんは改めて周囲にいる同期や先輩、後輩こそが自分の仲間であり、「自分の成長だけを考える自分から仲間の成長やまわりの貢献を考えられる自分への変化」が、自分が起こすべき「変容」であるのだとシートに書きました。そして、それこそが工藤さんにとっても「自分のあり方の目標」「自己実現上の目標」となるのです。

工藤さんのケースでも、「仲間」という設問を深く考えることが自分が起こすべき「変

図35

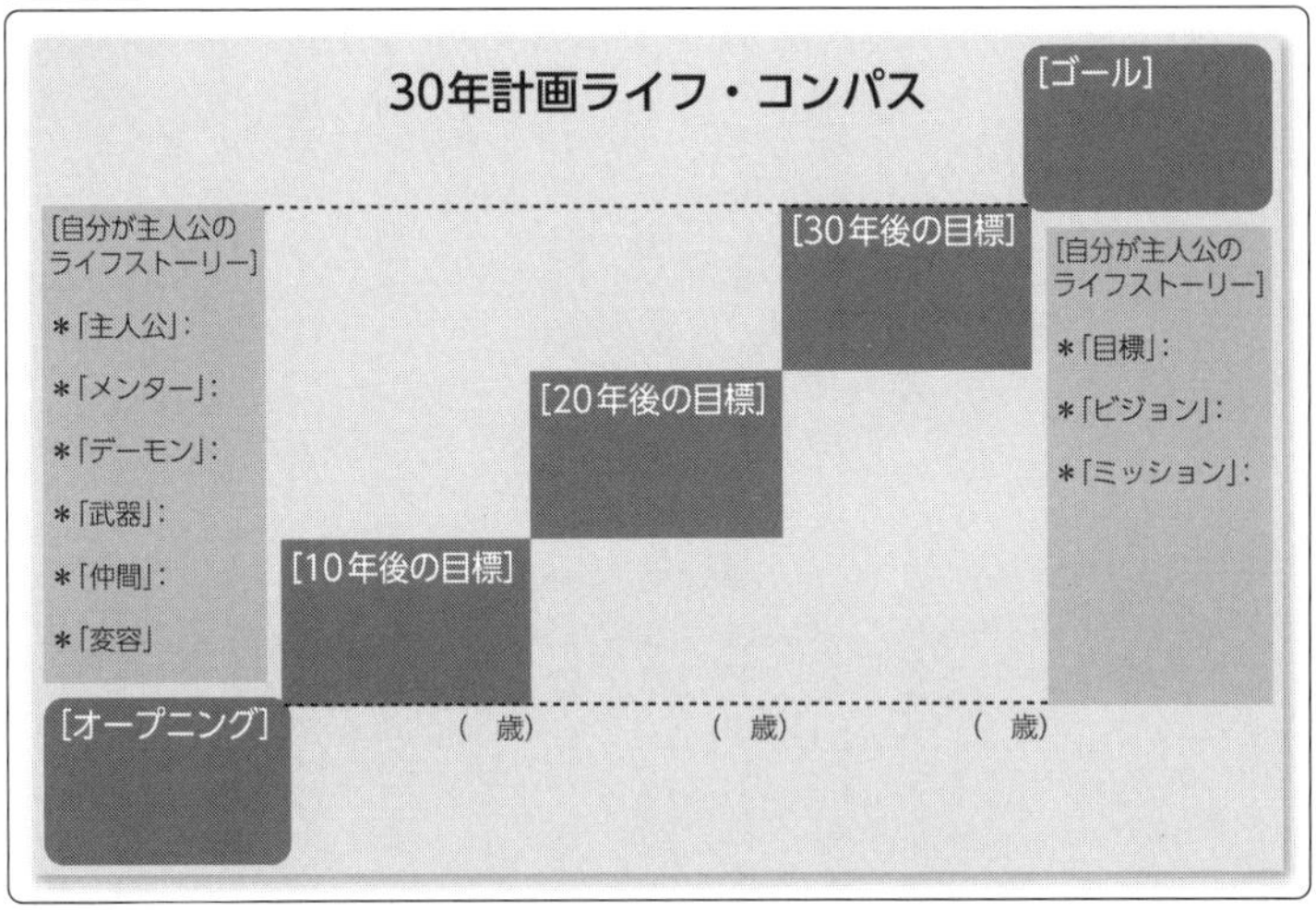

容」を再発見する大きなきっかけとなりました。実は、仕事の成長スピードは、職場での仲間との関係性にも大きな影響を受けているのです。あなたは、誰と職場で一緒になるのかは自分だけでは選ぶことはできないでしょう。でも、その人たちとどのように仕事をしていくかは、あなた自身が選ぶことができるのです。第1章で述べたギャラップ社のエンゲージメント・サーベイ「Q12」をもう一度見直してみてください。Q10には、「職場に親友がいる」という項目があります。もし職場に親友がいたら、仕事をすることがどれだけさらに楽しくなるでしょうか。そもそも信頼できる仲間と協力し合えば、仕事はもっと上手にできる

はずです。エンゲージメントが大切となる新たな時代の働き方においては、職場で仲間をつくり、ともに成長していくことが自己成長を促すのです。「あしたの履歴書」自体も、高橋恭介と田中道昭との仲間としての協働から生み出されたものです。職場や社会においてより重要なのは、「個人の成績」ではなく、「チームの成績」なのです。それが「あしたのチーム」の意義のひとつでもあるのです。

こうして、自分が本当に備えておくべき武器が本当の意味で明確となり、顧客の役に立つのです。工藤さんは、「いま、ここ」にいる意味をわかったようです。

以上のようなヒーローズ・ジャーニーのストーリー・キャラクター設定を10年後に登る山、20年後に登る山、30年後に登る山に対しても行ない、そして図35にあるような「30年計画ライフ・コンパス」を作成します。そして、最後に逆算して「3年計画表」をつくります。

30年計画にインパクトを与える3大ポイント

30年計画においては、第3章でお話しした「人生で自ら脚本家となり、主役となる」という視点がさらに重要になります。その重要性を理解していただくためにも、30年計画にインパクトを与える3大ポイントについてお伝えしたいと思います。

それは、「人生ストーリーにミッションを入れる」「人生ストーリーにセルフブランディングを入れる」「人生ストーリーにプロットを入れる」です。

ひとつ目の「人生ストーリーにミッションを入れる」とは、自分が自ら脚本家となって30年計画として描いていく人生ストーリーの中で、自分がどのような精神的価値を重視し、どのような社会的・文化的問題に対峙していくのかを明確にしていくことです。

損害保険会社に勤める工藤さんの場合には、このプロセスを経て、「自分が大切にしてきた信用や誠実という価値観がより重視される社会になることに貢献したい」というミッションが潜在意識から表出されてきました。さらには「損害保険という広く社会に関わる仕事を通じて、誰もが平等に競争することができる社会をつくっていくことに貢献したい」という使命感ももつようになりました。工藤さんの人生ストーリーは、自分自身が生きる意味を規定することでインパクトを増したのです。

ふたつ目の「人生ストーリーにセルフブランディングを入れる」とは、自らの人生ストーリーに自分ならではの強みや特徴、差別化ポイントなどを注入することです。これを注入することで、描いている人生ストーリーが本当に自分自身のストーリーとなってきます。

工藤さんは、自分のセルフブランディングとしては、やはり信用や誠実という価値を自分のあり方の目標にまで高めていくことで、自分の真の差別化ポイントにしたいという答えになりました。そして、そのためにも普段からの業務でどのような行動をすることが重要になるかという視点から、前に作成したコンピテンシーシートにも新たな行動目標を入れ短期的な目標も進化させました。

3つ目の「人生ストーリーにプロットを入れる」とは、1点目で明確にしたミッションを実際に実現しようとしている具体的なプロット（筋書き）を作成していくことです。全体のストーリーにおいては、より具体的な筋書きやエピソードが入るからこそ、魅力的なものに仕上がります。またプロット作成において重要なのは、どのような困難・障害・葛藤と立ち向かいながら、自分のミッションに取り組んでいくのかまでも明確にしておくことです。

工藤さんは、「自分が大切にしてきた信用や誠実という価値観がより重視される社会になることに貢献したい」というミッション実現に対する困難・障害・葛藤について熟考しました。その結果、まず考えたことは自らの行動を見直すということでした。「自分は利害が対立するような場面で本当に信用や誠実ということを重視できていたのか」「自分自身が後ろ向きと判断していた業務に本当に誠実に取り組んできたのか」について深く考えたそうです。

さらには人口減少や競争激化でさらに過酷な競争を強いられている損保業界の中において、自分が現在の横浜の営業拠点において信頼や誠実を徹底させた営業をやり抜くことが足元では最も重要なことであるという結論に至ったのです。

工藤さんは、「あしたの履歴書」30年計画編を体験した後でも、3年後の目標自体は変わりませんでした。しかし、「最初に3年後の目標を立てた時には自己成長が中心だったのに対して、この作業を終えてからは自分でも顔つきまで見違えるようになったのではないかと思うくらい自分のあり方が目標になった」という感想を述べていました。

30年計画を立てたことで起きる成果は、30年後だけではなく、やはり「いま、ここ」にも現れるのです。「いま、ここ」で成果が起きるからこそ、30年後には壮大な成果があなたにももたらされることでしょう。

30年計画編の事例の最後として、居酒屋の店長をしている土井さんのプログラム内での変化についてお伝えしたいと思います。3年間フリーターとして居酒屋で働き、その後、働きぶりが認められて社員となり、現在は店長をしている土井さん。土井さんも経験した「山のワーク」では、「山登り」に不可欠な項目として「仲間」という問いかけが登場します。工藤さんも自己変容のきっかけとなった「仲間」という問いかけは、土井さんに対しても変化をもたらしました。

「山登り」においては、誰と一緒に山を登っていくのかがとても重要になります。実際の「登山計画書」の中にも、「リーダー」や「メンバー」を記載しなければなりません。「仲間」と問いかけられた時、土井さんは3年間のフリーター時代によくアパートに遊びにきていた赤石さん（仮名）のことを思い出しました。ふたりは、当時よくアパートで少年漫画『ONE PIECE（ワンピース）』（集英社）を読み漁っていたそうです。土井さんが当時、失意のどん底にあり長く苦しいスランプにあったように、赤石さんも当時同じような境遇だったそうです。その後、赤石さんは当時のアルバイトを辞め、現在は群馬の実家で有機農業をやっていることを土井さんは久しぶりに思い出したのです。そこで土井さんは、赤石さんから有機野菜のことをしっかり教えてもらうということを短期の行動目標に加えたのです。そして自分が長期目標に掲げた、自ら優れた食材を調達していくことや東南アジアでの農業振興というビジョンは、当時ふたりでアパートで読み漁っていた『ONE

PIECE』に原点があることを再発見したのです。「私は、東南アジアで『ONE PIECE』のようなヨコ社会的つながりを大切にする農業組織をつくりたい」。「自分の山登りはすでに始まっていて助けてくれる仲間もすでにいることに気がつきました」。土井さんも30年計画を立てたことで、「いま、ここ」でのワクワク感や現在の仕事でのエンゲージメントが高まったのです。

何によって憶えられたいですか？

P・F・ドラッカーは『非営利組織の経営』（ダイヤモンド社）で、こんなことを書きました。

「私が一三歳のとき、宗教の先生が、『何によって憶えられたいかね』と聞いた。誰も答えられなかった。すると、『答えられると思って聞いたわけではない。でも五〇になっても答えられなければ、人生を無駄に過ごしたことになるよ』といった」

ドラッカーは「運のよい人は、フリーグラー牧師のような導き手に、若い頃そう問いかけられ、一生を通じて自ら問いかけ続けていくことになる」と言っています。

「何によって憶えられたいか」というこの問いかけは、それだけで3年後、5年後には仕事の仕方が変わる「魔法の問いかけ」です。自己刷新を促す問いであり、自分を成長させてくれる問いなのです。


あなたが、もし明日、自分の命が終わるとして、「あなたは何によって憶えられたいですか」と聞かれた時、何と答えるでしょうか。業績なのか、人柄なのか、自分にとって心から大切なものが出てくるはずです。

「あしたの履歴書」講座の受講者のひとりは、こう答えました。

「とっさに聞かれて、出てきたのは業績や地位ではなく、『人の役に立ち、愛されて、面白いやつだったな』と言われたい」

これこそが、その人の求める人生のミッションなのです。

私は、ある人物から「もし明日、自分の命が終わるとしたら、あなたが心残りに感じることは、どんなことでしょう」と問いかけられ、自分の生き方や仕事の方向性を大きく変えたきっかけになったことがありました。

健康でバリバリと働いている人たちのほとんどは、自分の人生はこれからずっと続くものと考えているでしょう。しかし、もし自分の命が明日までだとしたら、考え方も仕事に対する気持ちもずいぶん変わってくるはずです。

明日で人生が終わると想像した時に、自分が心残りに思うこと——それは自分にとっていちばん重要なこと、いちばんやりたいことに他なりません。

30年計画を立てる意義がここにあります。30年という長い期間ですから、年齢を追うごとに当然ながら人も環境も変わり、目標も進化するでしょう。変わって当然なのです。しかし、ミッションは変わりません。

「何によって憶えられたいか」「心残りは何か」と問われて出てくる答えと、30年計画で設定するミッションは同じものです。逆に同じものでなければ、30年の目標に向かって歩き続けることはできないでしょう。

あなたは、何によって憶えられたいですか?

おわりに——目標をもつ勇気は、進化する力となる

日本に先行してＡＩ時代が到来している米国において注目されている学習手法のひとつが、「あしたの履歴書」プログラムでも導入している「インプロビゼーション（インプロ）・メソッド」です。インプロ・メソッドは、即興力・柔軟性・危機対応能力などを強化する学習手法ですが、テクノロジーの進化で変化のスピードが加速している中で、これらの能力がＡＩ時代には、より重要と考えられているのです。

米国では、ＡＩ時代において、「超長期×超短期」の組み合わせでビジネスをデザインしていくことがより重要になってきたと考えられています。その典型的な事例が、本書でも紹介しているジェフ・ベゾス氏が経営するアマゾンです。

ジェフ・ベゾス氏は、超長期思考をアマゾンの重要な価値観のひとつに掲げ、超長期思考からビジネスをデザインするとともに、そこから逆算して「いま、ここ」でやるべきことを明確化して、超高速度のＰＤＣＡを回しているのです。たとえて言えば、「１００年

単位で1日を見直す」ような「超長期×超短期」の組み合わせを事業化しているのがアマゾンなのです。

そして、AI時代において特に重要とされている能力が、本書でも詳しく述べた「論点を立てる力」なのです。AIがより多くの問題を即座にアルゴリズムで解いてしまうようになってきている中で、組織のリーダーにとってより重要な仕事は、組織が立ち向かうべき課題や問題を自ら的確に設定する能力なのです。ワイアード誌創刊編集長であり、米国のテクノロジー業界に大きな影響力をもつケヴィン・ケリー氏も「AIは答えることに特化し、人間はよりよい質問を長期的に生み出すことに力を傾けるべきだ」と語っています。

さらにクリティカル・シンキングにおいては、「論点を立てる力」と「長期の目標を設定する力」とは同じスキルセットであるとされていました。最初に目標やあるべき姿を定義し、次に何が問題であるのかを明確にし、最後に対策を考えていくというクリティカル・シンキングのプロセスは、長期の目標設定を行なうプロセスと同一なのです。さらには、2つの能力には、ふだんからの問題意識を高め、大局観をもち、物事の本質を見極めるスキルが共通して必要なのです。

その一方で、長期の目標をもつことは、決して簡単なことではありません。それは、人は長期のことを考えることに、メンタルブロックが入っていることが多いからです。しかし、インプロ・メソッドで自らのリミッターを自らで外し、より長期の目標をもつ勇気をもつことで、人は確実に進化します。それは、「長期の目標を設定する力」と「論点を立てる力」とが相乗的に働き、目的意識や問題意識が高まり、構想力が高まり、それらが相まって未来を創る力となるからです。なお、本書では自己肯定の重要性や自己重要感をどのようにしたら高めていけるかについても前半でかなりのスペースを割いています。「目標をもつ勇気」をもてるようにするのも、本書の使命であると考えているからです。

「あしたの履歴書」は、このような背景をベースとしてできています。実務ベースの能力開発を重視し、市場価値を向上させることを目的としています。そこでは働く人の市場価値を端的に表わしている「職務経歴書」をプログラムの中核に据えて、ふだんやっている仕事（ルーティーン）の中から自己成長を実現していくことを目指しています。そして「長期の目標をもつ勇気」をもてるようになったら、より長期の目標設定にも取り組んでいくのです。

さらには、「あしたのＰＤＣＡ」の特徴は、目標自体も進化していくことでした。具体的な行動目標もＰＤＣＡを回していくごとに進化し、自分自身の成長の定点観測ができるようになるのです。

ここで、「あしたの履歴書」を実際に提供している「ＭＶＰ倶楽部」について紹介させてください。あしたのチームでは、これまで培ってきた企業向けの人事評価制度構築サービスのノウハウを投入して個人のビジネスパーソンを対象とした「ＭＶＰ倶楽部」を主宰しています。

ＭＶＰ倶楽部のＭＶＰとは、「Market Value Up」を表象したものであり、その役割はまさにビジネスパーソンの市場価値を上げるということに置いています。

「自己成長×給与アップの両方を実現してもらいたい」「コンピテンシー×人間力教育を提供していきたい」「パフォーマンス（成果）×エンゲージメント（仕事へのワクワク感）を高めていきたい」といった目的意識をもって、各種プログラムを提供しています。

現在、ＭＶＰ倶楽部が提供しているサービスには、「あしたの履歴書」講座に加えて、ＭＢＡの基礎科目が手軽に学べる「基礎スキル講座」（クリティカル・シンキング、定量分析、ストラテジー&マーケティング講座）、目標を実現してきている経営者を招聘して実際の体験談から生きた学びを行なう「プレジデントセミナー」、現役アナウンサーが教える「好印象を与えるテクニック講座」、「あしたのＰＤＣＡ」、「ビジネスプランニング講座」などがあります。

ＭＶＰ倶楽部における市場価値向上や成長促進支援の２大アプローチが、本書でもご紹介した「あしたの履歴書」と「あしたのＰＤＣＡ」です。「あしたの履歴書」で目標設定を行ない、より長期的な問題解決を実現し、「あしたのＰＤＣＡ」でハイパフォーマーを生み出す進化するＰＤＣＡを受講生に伴走するかたちで提供しています。

グループワークも多用したリアルなプログラムとｅラーニングの組み合わせにより、より双方向的でアクティブな成長環境を用意しています。

本書で、興味をもたれた方は、ぜひ、以下のホームページをご覧になってください。

ＭＶＰ倶楽部　http://mvp-club.com/

最後に、私たちは、「目標をもつことのすばらしさ、そして目標を少しずつでもいいから実現していくことのすばらしさを伝えていきたい」という使命感で、この本を出版することにしました。目標をもつ人は強い。目標をもつことで信念や自信も深まってきます。目標をもつことが自己変革にもつながります。そして、まわりの人々を幸せにすることができるのです。

目標をもつことができて、人生をより長い期間で鳥瞰図的に眺められるようになったら、未来や現在を自分の目指している方向のために自律的に過ごしているという感覚が得られるようになります。仮に、ある時点で方向転換や軌道修正を余儀なくされたとしても、それを「挫折」とは見なさずに、再び計画を練り直して、また前に進んでいくための力を身につけることができます。

人生には、上り調子の時も下り調子の時もあることや、そのままの自分を素直に認めることができるようになるのです。

自分自身の過去を肯定し、いまを大切にして、すばらしい未来に向かって開眼する。そのために、本書をきっかけとしてディープチェンジをしてほしいと心から願っています。
あなたの未来は「あしたの履歴書」に書かれているのです。

2017年11月

高橋恭介
田中道昭

参考文献

『「幸福な偶然（セレンディピティ）」をつかまえる――いくつになっても　みずみずしい発想のゆりかご』（日野原重明著、光文社）
『なぜあの会社の社員は、「生産性」が高いのか？――社員の「行動習慣」を飛躍的に変革させる仕組み』（望月禎彦／高橋恭介著、フォレスト出版）
『人が辞めない会社がやっている「すごい」人事評価』（高橋恭介著、アスコム）
『人事評価制度だけで利益が3割上がる！――「働き方改革」に対応する　ただひとつの切り札』（高橋恭介著、きこ書房）
『あなたの給与は3割上がる！』（高橋恭介著、きこ書房）
『人生計画の立て方』（本多静六著、実業之日本社）
『達成する力――世界一のメンターから学んだ「目標達成」の方法』（豊福公平著、きずな出版）
『ミッションの経営学』（田中道昭著、すばる舎リンケージ）
『人と組織　リーダーシップの経営学』（田中道昭著、すばる舎リンケージ）

『これからインターネットに起こる『不可避な12の出来事』――今後の社会、ビジネスを破壊的に変える「新たなるデジタルテクノロジー」をビジュアルで読み解く』（ケヴィン・ケリー著、服部桂訳、インプレスR&D）
『〈インターネット〉の次に来るもの――未来を決める12の法則』（ケヴィン・ケリー著、NHK出版）
『LIFE SHIFT（ライフ・シフト）――100年時代の人生戦略』（リンダ・グラットン／アンドリュー・スコット著、池村千秋訳、東洋経済新報社）
『なぜ一流の経営者は即興コメディを学ぶのか？』（ケリー・レオナルド／トム・ヨートン著、ディスカヴァー・トゥエンティワン編集部訳、ディスカヴァー・トゥエンティワン）
『まず、ルールを破れ――すぐれたマネジャーはここが違う』（マーカス・バッキンガム／カート・コフマン著、宮本喜一訳、日本経済新聞社）
『これが答えだ！――部下の潜在力を引き出す12の質問』（カート・コフマン／ゲイブリエル・ゴンザレス＝モリーナ著、加賀山卓朗訳、日本経済新聞社）
『人生向上トレーニング――生きるのが面白くなるとっておきの方法』（李敬烈著、サン

マーク出版）
『千の顔をもつ英雄』（ジョーゼフ・キャンベル著、倉田真木／斎藤静代／関根光宏訳、早川書房）
『未来記憶』（池田貴将著、サンマーク出版）
『1分間セルフリーダーシップ――自らを成功へ導く3つの原則』（K・ブランチャード／S・ファウラー／L・ホーキンス著、依田卓巳訳、ダイヤモンド社）
『企業参謀』（大前研一著、講談社）
『非営利組織の経営』（P・F・ドラッカー著、上田惇生訳、ダイヤモンド社）
『ミレニアル起業家の新モノづくり論』（仲暁子著、光文社）

［著者］
高橋恭介（たかはし・きょうすけ）
1974年、千葉県生まれ。大学卒業後、興銀リース株式会社に入社。２年間、リース営業と財務を経験。2002年、ベンチャー企業であったプリモ・ジャパン株式会社に入社。副社長として人事業務に携わり、当時数十名だった同社を500人規模にまでに成長させ、ブライダルリングシェア１位にまで成長させた。
2008年には、同社での経験を生かし、リーマンショックの直後に、株式会社あしたのチームを設立、代表取締役社長に就任する。現在、国内22拠点、台湾・シンガポール・上海に現地法人を設立するまでに成長。1000社を超える中小・ベンチャー企業に対して人事評価制度の構築・運用実績をもつ。給与コンサルタントとして数々のセミナーの講師も務める。主な著書に『人が辞めない会社がやっている「すごい」人事評価』（アスコム）、『人事評価だけで利益が３割上がる！』『あなたの給与は３割上がる！』（共に、きこ書房）などがある。

［著者］
田中道昭（たなか・みちあき）
「大学教授×上場企業取締役×経営コンサルタント」
立教大学ビジネススクール（大学院ビジネスデザイン研究科）教授。シカゴ大学経営大学院MBA。専門は企業戦略＆マーケティング戦略及びミッション・マネジメント＆リーダーシップ。三菱東京UFJ銀行投資銀行部門調査役、シティバンク資産証券部トランザクター(バイスプレジデント)、バンクオブアメリカ証券会社ストラクチャードファイナンス部長（プリンシパル）、ABNアムロ証券会社オリジネーション本部長（マネージングディレクター）等を歴任し、現在は株式会社マージングポイント代表取締役社長。小売、流通、製造業、サービス業、医療・介護、金融、証券、保険、テクノロジーなど多業種に対するコンサルティング経験をもとに、東洋経済オンライン、プレジデントオンライン、ニューズウィーク日本版オンライン等にも定期的に執筆中。主な著書に『ミッションの経営学』『人と組織 リーダーシップの経営学』(共に、すばる舎リンケージ)、『アマゾンが描く2022年の世界――すべての業界を震撼させる「ベゾスの大戦略」』（PHP研究所）などがある。
連絡先：m.tanaka@jsf-gr.com

あしたの履歴書
――目標をもつ勇気は、進化する力となる

2017年11月22日　第1刷発行

著　者――高橋恭介、田中道昭
構　成――吉村克己
発行所――ダイヤモンド社
〒150-8409　東京都渋谷区神宮前6-12-17
http://www.diamond.co.jp/
電話／03･5778･7235（編集）　03･5778･7240（販売）
装丁―――藤塚尚子（ISSHIKI）
図版製作――デザインコンビビア
本文レイアウト―布施育哉
製作進行――ダイヤモンド・グラフィック社
印刷―――慶昌堂印刷
製本―――川島製本所
編集担当――久我 茂

ISBN 978-4-478-10393-7